辅导员开展心理健康教育理论与实践

主编 高洁

西安交通大学出版社
XI'AN JIAOTONG UNIVERSITY PRESS

图书在版编目(CIP)数据

辅导员开展心理健康教育理论与实践/高洁主编. —西安：
西安交通大学出版社，2023.8
ISBN 978-7-5693-2589-8

Ⅰ.①辅… Ⅱ.①高… Ⅲ.①高等学校-辅导员-工作-研究
②大学生-心理健康-健康教育-研究 Ⅳ.①G645.1 ②G444

中国版本图书馆 CIP 数据核字(2022)第 072507 号

书　　名 辅导员开展心理健康教育理论与实践
FUDAOYUAN KAIZHAN XINLI JIANKANG JIAOYU LILUN YU SHIJIAN
主　　编 高　洁
责任编辑 侯君英
责任校对 李嫣彧

出版发行 西安交通大学出版社
（西安市兴庆南路 1 号　邮政编码 710048）
网　　址 http://www.xjtupress.com
电　　话 (029)82668357　82667874(市场营销中心)
(029)82668315(总编办)
传　　真 (029)82668280
印　　刷 西安五星印刷有限公司

开　　本 720 mm×1000 mm　1/16　**印张** 11.25　**字数** 202 千字
版次印次 2023 年 8 月第 1 版　2023 年 8 月第 1 次印刷
书　　号 ISBN 978-7-5693-2589-8
定　　价 72.00 元

如发现印装质量问题，请与本社市场营销中心联系。
订购热线：(029)82665248　(029)82667874
投稿热线：(029)82668526
读者信箱：rw_xjtu@126.com

前　言

2018年7月4日，中共教育部党组印发了《高等学校学生心理健康教育指导纲要》，文件指出："心理健康教育是提高大学生心理素质、促进其身心健康和谐发展的教育，是高校人才培养体系的重要组成部分，也是高校思想政治工作的重要内容。""坚持育心与育德相统一，加强人文关怀和心理疏导，规范发展心理健康教育与咨询服务，更好地适应和满足学生心理健康教育服务需求，引导学生正确认识义和利、群和己、成和败、得和失，培育学生自尊自信、理性平和、积极向上的健康心态，促进学生心理健康素质与思想道德素质、科学文化素质协调发展。"

高等学校学生心理健康教育的主要任务是推进知识教育、开展宣传活动、强化咨询服务、加强预防干预。教育教学、实践活动、咨询服务、预防干预"四位一体"的心理健康教育工作格局基本形成。高校辅导员在高校思想政治工作领域和学生的健康成长中肩负着神圣使命。辅导员如何不断扩大心理健康教育的覆盖面和受益面；如何增强学生心理健康意识，提升心理健康素质，需要我们在实际工作中不断探索和思考。

在高校中，辅导员与学生接触密切，在严格按照规章制度要求学生的同时，还需要关心关爱学生，关注学生的心理状态，需要专业地评判学生心理承受能力，把心理健康教育作为思想政治教育工作的必要补充，使之成为思想政治教育的好抓手，促使二者相辅相成。

根据大学生心理特点和辅导员工作实际，本书将理论知识、危机干预、谈心谈话、实践活动、科学研究"五位一体"心理育人体系内容和成果渗透于心理健康概述、情绪管理、人际交往、学习心理、职业生涯规划、恋爱与性心理、心理危机的应对、辅导员开展心理辅导的方法与技巧、心理健康教育实践活动等九个章节。

本书吸纳了心理学助人理论中的基本内容和操作技术，结合实际案例，使辅导员的心理健康教育工作有理论可以支撑、有框架和工作步骤可以遵循、有具体的工作方法和技术可以利用，可推动辅导员工作的专业化和科学化发展。

高　洁

2021年8月

目　录

第一章

心理健康概述

第一章

[illegible]

一、心理的内涵

(一)心理的概念

心理是人脑的机能,是人对客观世界的主观反映。人脑是人类从事心理活动的器官,心理现象是大脑活动的结果。客观世界既包括自然存在,也包括人的社会存在。

心理学研究的是人的心理现象。人的心理现象一般可分为心理过程和个性心理。心理过程包括人的认知过程、情感过程和意志过程。认知也叫认识,是指人认识外界事物的过程,或者说是对作用于人的感觉器官的外界事物进行信息加工的过程,包括感觉、知觉、想象、记忆、思维等。情感过程是人对客观外界事物的态度的主观体验和相应的行为反应,它反映的是主体需要和客观外界事物间的关系。意志是人的思维决策见之于行动的心理过程,表现了心理对行为的支配。

个性心理包括个性倾向性和个性特征。个性倾向性包括需要、动机、价值观等。需要以欲望、要求的形式表现出来,反映人体内部的不平衡状态。动机是当需要转化成了推动人从事某种活动,并朝向一定目标前进的内部动力。价值观是基于人的一定的思维感官之上而作出的认知、理解、判断或抉择,也就是人认定事物、辨定是非的一种思维或价值取向。个性特征包括气质、性格、能力等。气质表现在心理活动的速度、强度和稳定性方面的人格特征,包括多血质、胆汁质、黏液质、抑郁质四种气质类型。性格是表现在人对事物的态度及与这种态度相适应的行为方式上的人格特征。能力是顺利、有效地完成某种活动所必须具备的心理条件。

(二)个体的心理发展

个体的心理发展是指个体在从胚胎发育、出生、成熟、衰老直至死亡的整个生命过程中发生的一系列生理和心理变化的过程。每个人都要经历婴幼儿期、少年期、青年期、成年期和老年期。人在不同阶段所表现出的心理发展特点不同,体现在认知、情感、能力和社会性等方面,但处于同一阶段的人又有相似的心理发展特征。表 1－1 是美国心理学家埃里克森关于人的心理发展的八个阶段。

表 1-1 人的心理发展的八个阶段

阶段	年龄(岁)	心理-社会矛盾	积极解决矛盾形成的品质	矛盾解决失败形成的品质
婴儿期	0～1.5	信任感-不信任感	对人信任、对外界有安全感	恐惧、对外界害怕和不信任
童年期	1.5～4	自主感-羞愧与怀疑感	能按社会要求表现目的性行为，发展自主能力	缺乏信心，畏首畏尾，感到羞愧、怀疑自己的能力
学前期	4～6	自主感-内疚感	主动，表现出积极性和进取心	畏惧、退缩，产生内疚感和失败感
学龄期	6～12	勤奋感-自卑感	勤奋，掌握求学、做事、待人的各种基本能力	缺乏生活的基本能力，充满自卑和无价值感
青春期	12～18	自我同一性-同一性混乱	有明确的自我观念，达到自我内部与外部环境的协调	对于自我与他人的角色混乱，充满不确定感
成年早期	18～30	亲密感-孤独感	建立友情和爱情，发展爱的能力	与社会疏离，孤独寂寞
壮年期	30～65	创造力感-自我专注	热爱家庭，关心社会，追求事业成功	只顾及自我和“小家”，缺乏社会责任
老年期	≥65	自我整合感-失望感	回顾一生；感到生活有意义	悔恨旧事、消极失望

依据埃里克森的心理发展的八个阶段，我们可以找到人的心理发展的基本规律。首先，人的心理发展是先天遗传和后天环境、教育共同作用的结果，两者相辅相成、缺一不可。其次，人的心理发展有持续性，会贯穿人的一生。最后，人的心理发展有差异性，不同人的心理发展存在个体差异。

大学生处于青年后期和成年早期阶段，正是人生发展的关键期。在这一时期，大学生心理发展特点如下。

(1)思维能力迅速提高，但存在主观片面性。大学生思维的独立性、辩证性、创造性日益增强，思维的深度、广度、灵活性日益提高。大学生的发散思维、复合思维和远距离联想能力比较强，善于用新颖的方法分析问题、解决问题，但他们的抽象思维水平没有完全成熟，对复杂问题缺乏深层分析，容易简单化、主观化、片面化，甚至有脱离实际或固执偏激的不良倾向。

（2）情感体验丰富而强烈，但情绪波动较大。大学生对自我形象、事业前途、经济能力、人际关系、恋爱婚姻等的关注越来越多，情感日益丰富、完善，对情绪控制的能力也在不断由弱变强。但在受到内在需求和外界环境的强烈刺激之下，容易出现情绪波动，两极性表现较为明显。比如，有的人对什么事要么过度敏感，要么淡漠处之。尤其面对意外突发事件或对自己意义重大的事情时，容易表现出既想控制隐藏自己的情绪又很难控制高昂情绪的无措现象。

（3）自我意识逐步增强，但发展不成熟。大学生会主动认识自己，甚至多角度、多层次认识、接纳自己，希望在社会角色、社会地位、人生价值等方面找到答案，并根据他评和自评不断调整自己的思想和行为。此外，大学生的自控能力也在显著增强，会规划、设计自己的行动目标和计划，并不断修正和完善。但是，由于社会经验和知识能力的不足，大学生在自我意识发展中还会出现各种矛盾和问题，如有时高估或低估自己。但随着社会阅历的增加、经验和知识的积累，大学生自我意识的发展会逐渐成熟。

（4）人格发展基本成熟，但尚不完善。人格反映了一个人的精神面貌，是在长期实践中形成并发展起来的。大学阶段是人格发展的重要时期。有的大学生成熟积极，也有相当一部分大学生在不同程度上存在着不成熟的表现，如自我、懒散、浮躁、狭隘、虚荣、自卑等。良好的人格是在自我认知的基础上，通过不断学习、实践、优化、完善来实现的。

（5）各种需要日益丰富，但对现实性把握不足。需要是情绪、情感产生的基础，大学生的自我体验丰富。大学生既有生理性需要（如生存、安全、享受等），也有心理性需要（如爱、赞赏、理解、尊重、自我实现、理想等），还有社会性需要（如归属、娱乐、学习、劳动等）。面对这些丰富的需要，一些大学生在结合自身实际情况来分辨轻重缓急方面显得还不够成熟。

二、健康与心理健康的标准

（一）健康的标准

1948 年，世界卫生组织明确指出："健康不仅仅是没有疾病和衰弱的表现，健康是身体上、心理上与社会适应方面良好而完满的状态。"

1989 年，世界卫生组织提出了 21 世纪健康新概念："健康不仅是没有疾病，而且包括躯体健康、心理健康、社会适应良好和道德健康。"

1999 年，世界卫生组织又提出了"五快""三良"的健康标准，见表 1－2。

表 1-2 “五快”“三良”的健康标准

<table>
<tr><th>健康标准</th><th>特点</th><th>具体说明</th></tr>
<tr><td rowspan="5">五快
（身体健康）</td><td>食得快</td><td>说明胃口很好，对食物不挑剔，证明内脏功能正常</td></tr>
<tr><td>便得快</td><td>说明排泄轻松自如，证明胃肠功能良好</td></tr>
<tr><td>睡得快</td><td>说明中枢神经系统功能协调，且内脏无病理信息干扰</td></tr>
<tr><td>说得快</td><td>表明头脑清楚，思维敏捷，心肺功能正常</td></tr>
<tr><td>走得快</td><td>证明精力充沛、旺盛、无衰老之症</td></tr>
<tr><td rowspan="3">三良
（精神健康）</td><td>良好的个性特征</td><td>情绪稳定、性格温和、意志坚强、感情丰富、胸怀坦荡、豁达乐观</td></tr>
<tr><td>良好的处世能力</td><td>观察问题客观、现实，具有较好的自控能力，能适应复杂的社会环境</td></tr>
<tr><td>良好的人际关系</td><td>助人为乐，与人为善，对周围人充满热情</td></tr>
</table>

（二）心理健康的内涵与标准

1. 心理健康的定义

1946 年，第三届国际心理卫生大会提出：“所谓心理健康，是指在身体、智能及情感上与他人的心理健康不相矛盾的范围内，将个人心境发展成最佳的状态。”

世界卫生组织 2001 年将心理健康定义为：“心理健康不仅仅是没有精神疾病，更可视为一种幸福状态。在这种状态中，每个人认识到自己的潜力，可以应对正常的生活压力，有效地从事工作，并能够为社会做贡献。”

国家卫健委 2016 年 12 月 30 日在《关于加强心理健康服务的指导意见》中指出，心理健康是人在成长和发展过程中，认知合理、情绪稳定、行为适当、人际和谐、适应变化的一种完好状态。

2. 界定心理健康与否的原则

许又新教授提出，界定心理健康与否的原则有三个。

（1）心理活动与外部环境是否具有同一性，即一个人的所思所想、所作所为是否能够正确反映外部世界的情况，与外部世界有无明显的差异。

（2）心理过程是否具有完整性和协调性，即人的心理活动中认识、情感、意志三个心理过程的内容是否完整且协调一致。

(3)人格心理特征是否具有相对稳定性，即在没有重大外部环境改变的前提下，一个人的气质、性格、能力等人格特征是否相对稳定，其行为是否表现出一贯性。

我们要正确理解心理健康。每个人都有心理问题，只是程度不同(见表1-3)。“心理健康”与“心理不健康”都属于正常范围，只是正常水平和程度不同。华南师大莫雷教授提出心理健康“三状态”：正常状态，简称常态；不平衡状态，简称偏态；不健康状态，简称变态。

表1-3　不同心理健康水平对应的问题

分类	心理健康	心理问题	心理疾病(神经症)	精神疾病
对象	正常群体	正常群体	异常群体	异常群体
状态	有自知力，有自我调适能力	有自知力，有自我调适能力但效果弱	有一定自知力，无自我调适能力	无自知力，无自我调适能力
对应问题	无	人际交往、职业选择、学习压力等	抑郁症、焦虑症、强迫症等	精神分裂症等

心理健康与不健康是一种连续状态；心理健康的状态是动态变化的过程；心理健康的标准是一种理想尺度(仅供参考)；没有心理疾病仅是心理健康的最低标准。

心理健康的本质不是内心没有困扰、迷茫、忧郁、悲伤，而是在生命前行的过程中，能够找到自己内心的力量，采集生命中的希望、喜悦、快乐、爱和幸福，把痛苦转化成生命中的“花朵”，勇敢乐观地面对生活中的苦难，追求人生中自己认定的有益于己、无害于人(甚至益于人类的进步和社会的完善)的价值，成为拥有快乐的人。

每个人都可以进一步完善自己的空间，心理健康的目的就在于帮助我们自我完善。

3. 心理健康的一般标准

美国心理学家马斯洛和密特尔曼在1951年提出的心理健康十条标准，被认为是心理健康的“最经典的标准”：①充分的安全感；②充分了解自己，并对自己的能力做适当的估价；③生活的目标切合实际；④与现实环境保持接触；⑤能保持人格的完整与和谐；⑥具有从经验中学习的能力；⑦能保持良好的人际关系；⑧适度的情绪表达与控制；⑨在不违背社会规范的条件下，对个人的基本需要做恰当的满足；⑩在不违背团体要求的情况下，能做有限度的人格发挥。

2012年中国心理卫生协会提出了“中国人心理健康六项标准”：

(1)认识自我、接纳自我。要了解自己、恰当地评价自己，有一定的自尊心和自信心，体验自我存在的价值，能够接受自己。

(2)自我学习、独立生活。具有从经验中学习、获得知识与技能的能力，能够独立处理日常生活中的一般事务，能够利用所获得的知识、能力或技能解决常见的问题。

(3)情绪稳定、有安全感。情绪基本稳定，以积极情绪为主导，能够调控自己情绪的变化，有基本的安全感。

(4)人际关系和谐。具有基本的社会交往能力，能够处理与保持基本的人际交往关系，能够在人际互动中体验到正常的情绪、情感，获得满足感，能够接纳他人及交往中的问题。

(5)角色功能协调统一。基本能够履行社会所要求的各种角色规定，心理与行为符合年龄等特征，心理与行为符合所处的环境，在社会规范许可范围内，实现个人需要的适当满足。

(6)适应环境、应对挫折。保持与现实环境接触，能够面对和接受现实，积极应对现实，能够正确面对并克服困难。

拓展阅读

青年人的十项发展任务

(1)在日常生活中与同学、朋友建立和谐的人际关系。

(2)在日常的活动或行为上能够扮演适当的性别角色。

(3)接纳自己。能够认清自己的定位，不过分炫耀自己的优点，也不过分掩饰自己的缺点，能发挥出自己最大潜能。

(4)不随便发脾气，情感表达渐趋成熟、独立。遇到事情的时候不再依赖父母，能够独立解决。

(5)有经济独立的信心。

(6)能够选择感兴趣并适合自己的职业，而且肯努力奋发，为获得该职业的工作作准备。

(7)对自己的感情负责任，认真考虑后选择婚姻对象，并开始准备成家过独立的家庭生活。

(8)在知识、观念等方面，都能达到作为一个现代公民所需要的标准。

(9)乐于参加各种社会活动，不论是自己喜欢的还是不喜欢的，并能在社会活动中对自己的行为负责任。

(10)在个人的行为导向上,能建立起自己的价值与道德标准。

三、大学生心理健康的标准

(一)对学习保持较深厚的兴趣和求知的欲望

智力正常是人们进行社会活动的基本心理条件。一般情况下,大学生的智力水平较高,但这并不意味着只有功课优秀的学生心理是健康的。即使一个学生的功课一般,但如果能保持比较积极的学习态度,那么其心理也是健康的。心理健康的学生会珍惜学习机会,求知欲望强烈,能克服学习中的困难,学习成绩相对比较稳定,可以保持一定的学习效率,且能从学习中体会到满足与快乐。因此,对待学习的态度能够反映出学生心理健康的程度。

(二)情绪积极稳定,能保持良好的心境

情绪会影响人的健康、工作效率和人际关系。所谓协调与控制情绪,就是要让情绪反应适度,要变消极情绪为积极情绪。心理健康的学生能经常保持愉快、开朗、乐观、满足的心境,对生活和未来充满希望。他们虽然也有悲、忧、哀、愁等消极情绪,但能主动进行调节。同时他们可以自我控制情绪,做到"喜不狂,忧不绝,胜不骄,败不馁"。

(三)保持和谐的人际关系并乐于交往

人际关系状况最能体现和反映一个人的心理健康状况。乐于与人交往,既有广泛的人际关系,又有知心朋友;在交往中能保持独立而完整的人格,有自知之明,不卑不亢;能客观评价别人和自己,善取人之长补己之短,宽以待人,乐于助人;积极的交往态度多于消极态度,交往动机端正。一个心理健康的大学生会有许多朋友,包括普通朋友和知心朋友。在交友过程中,他们会感受到人生的幸福体验:他们既会为能帮助朋友和促进朋友的进步而由衷地高兴,又会因从朋友那里获得鼓励、信任、支持和抚慰而感到欣喜与慰藉。

(四)自我意识良好,能保持完整统一的人格品质

自我意识是人格的核心,它指的是人对自身及自己与周围世界关系的认识和体验。有正确自我意识的学生能够了解自己、接纳自己,自我评价相对客

观，他们既不妄自尊大去做力所不能及的工作，也不妄自菲薄而甘愿放弃可能的发展机会。因此，具有自信乐观的态度，生活目标与理想切合实际，不苛求自己，能扬长避短是大学生心理健康的重要标志。

人格指人的整体精神面貌，人格完整指气质、能力、性格和理想、信念、人生观等人格构成要素平衡发展。个人的所想、所说、所做都是协调一致的。人格结构的各要素完整统一；具有正确的自我意识，不产生自我同一性混乱；以积极进取的人生观作为人格的核心，并以此为中心把自己的需求、目标和行动统一起来。

（五）保持良好的环境适应能力

环境适应能力包括正确认识环境的能力和处理好个人与环境关系的能力。能正确客观地认识、评价自己所生活的环境，能坦然面对并接受现实；明确自己所处的位置，怀有高于现实的理想和愿望，又不沉湎于不切实际的幻想和奢望；能根据环境的特点和自我意识的情况努力进行协调，或改革环境适应个体需要，或改造自我适应环境。有的同学进入大学后，只用一两个月时间就能够适应新环境，但是也有同学半年甚至一年后还无法完全适应校园生活，究其原因就是不同人对环境的适应能力不同。

（六）心理行为符合年龄特征

人的一生包括不同年龄阶段。每一个年龄阶段其心理发展都表现出相应的特征，称为心理年龄特征。一个人心理行为的发展，总是随着年龄的增长而发展变化。一个人的认识、情感、言语和举止等心理行为表现基本符合其年龄特征，是心理健康的表现；如果严重偏离相应的年龄特征，发展严重滞后或超前，则是行为异常、心理不健康的表现。心理健康的大学生应该是精力充沛、勤学好问、反应敏捷、喜欢探索的。性格过于老成、做事幼稚或者充满依赖都是大学生心理不健康的表现。

四、影响大学生心理健康的因素

心理问题产生的原因是复杂且多方面的，既有遗传和生理因素，又有心理、社会和环境因素。大学生的心理问题主要源自各种心理冲突，其中有个人的原因（如外貌、能力、习惯等），也有家庭、社会和学校教育的原因，也可能是遗传因素和突发性事件所致。

从生理、心理、行为三个方面来分析影响大学生心理健康的因素。从生理因素来看，家族遗传、胎儿时期神经系统受损、大脑内神经递质出现异常、身患疾病等因素使人罹患心理疾病的可能性增加。但同时也有一些保护性因素，如坚持锻炼身体、睡眠充足、生活规律等有助于自身保持身体健康，可减少罹患心理疾病的风险。从心理因素来看，认知、情绪、意志、个性等都与心理健康有关。从行为因素来看，增强自信、提高情商、掌握学习压力应对技能、主动寻求社会支持等有助于提高大学生心理健康水平。

从家庭、学校、社会三个方面来分析影响大学生心理健康的因素。从家庭因素来看，家庭人际关系、父母教育方式、父母人格特征等都会对大学生的心理发展产生深远影响。从学校因素来看，学习负担过重、专业选择不当、大学学习不适应、自我管理不当等均会影响学生的心理健康。从社会环境来看，当代大学生面对不同于以往的文化背景和多种价值观念的选择，常常会感到茫然、疑虑、混乱。求新求异的心理容易使大学生盲目追求西方的价值观念。而这些价值观念与中国特色社会主义价值观在许多方面是相冲突的，导致大学生容易陷入空虚、混乱、压抑、紧张的状态中。长时间的心理失调必然带来心理上的冲突，使大学生出现种种不良的心理反应。

五、心理问题及异常心理

(一)心理问题的分类

按照心理问题的严重程度，由轻到重，可将心理问题分为心理困扰、心理障碍和精神疾病。

1. 心理困扰

心理困扰是个体因各种适应问题、应激问题、人际关系问题等引起的轻度心理失调。心理困扰的强度较弱，持续时间较短，是人们经常遇到的心理问题，对个体的生活效能和情绪状态有一定的负面影响，但它不属于心理疾病范畴，可以通过自我调整和适当的心理疏导得到恢复和矫正。

2. 心理障碍

心理障碍又称为心理疾病，是指自我心理功能紊乱，并达到影响个体的社会功能或使其感到痛苦的心理问题。心理障碍主要包括神经症、人格障碍和行为障碍等轻度的心理创伤或心理异常现象。

3. 精神疾病

精神疾病是指个体的人脑机能活动失调，丧失自知力，不能应付正常生活，不能与现实保持恰当接触的严重的心理障碍。

（二）心理问题的鉴别方法

鉴别心理问题所使用的评估和诊断方法主要有以下四种。

（1）观察法：在自然状态下，观察个体的行为是否异常。使用观察法比较容易了解到个体的真实情况。

（2）会谈法：在会谈中了解个体的思维、情感是否异常，听取个体的自诉，了解其大致的情况。

（3）测验法：用标准化心理测量量表测验个体的心理健康状况。

（4）环境适应法：通过了解个体能否与其生活的环境相适应，其语言或行为能否与所面临的情境相吻合来判断个体的心理健康状况。

（三）大学生常见心理困扰

1. 适应问题

适应问题在刚入校的大学生中较为常见。新生来到高校后，在自我认知、同学交往、自然环境等方面都面临着全面的调整适应。部分新生的自理能力、适应能力和调整能力较弱，对变化后的新环境无所适从，因此表现出种种不适应的问题。

2. 学习心理问题

大学生在校期间是学习与进步的黄金时期，但自主学习能力薄弱却是他们最普遍、最突出的问题，成为其进步的一大障碍。自主学习能力薄弱主要表现在学习目标不明确、学习方法不恰当、学习动力不足、学习习惯不良、理解能力较低、学习焦虑现象严重等方面。例如，个别学生在临近考试时会出现头昏脑胀、双手发抖、心跳加快、肚子疼痛、失眠等不良生理反应，严重时甚至无法正常参加考试。

3. 人际关系问题

大学生的人际交往日趋成熟，但由于其生活经验有限，人际关系不和谐是他们的常见问题之一。部分大学生与同学的关系紧张，因此会觉得自己无依无靠，如茫茫大海中的一叶孤舟。他们顾影自怜，或抱怨别人不理解自己、不接纳自己，或以自我为中心，不愿主动与其他同学交流合作，对他人态度冷漠。部分大学生还会因为嫉妒或猜疑，无法积极融入集体的学习生活中。

4. 恋爱与性心理问题

青春期是人体生长发育的第二个高峰期，这时的性发育对于大学生的性心理影响较大。一方面，大学生的自我意识和性意识逐渐觉醒，他们有一种长大成人的感觉；另一方面，由于接受的性教育不够，大学生对自我的性发育成熟缺乏心理准备，对异性的神秘感、恐惧感和渴望交织在一起，由此产生了一些心理问题。

（四）心理障碍

1. 神经症

按照《中国精神障碍分类与诊断标准》（第 3 版）（CCMD－3）的规定，神经症是一组由精神因素造成的非器质性的、大脑神经机能轻度失调的心理疾病，其主要临床表现为焦虑、抑郁、恐惧、强迫、疑病症状及神经衰弱症状。神经症以 18 岁到 30 岁的青年患者为多。神经症一般没有任何可以查明的器质性病变，但个体又确实有心理异常表现，甚至非常严重；不过患者对自己的病态有充分的自知力并能主动求医，而且其生活自理能力、社会适应能力和工作能力基本没有缺损。一般认为，神经症是由于个体各种心理因素引起其高级神经活动过度紧张，致使大脑机能活动暂时失调而造成的。大学生中常见的神经症有焦虑症、恐惧症和强迫症。

（1）焦虑症。焦虑症是以发作性或持续性焦虑、恐惧和情绪紧张为主要症状的神经症。患有焦虑症的人常常无端地感到惶恐不安、心烦意乱，好像不幸的事情马上就要来临。患者常伴有头昏、胸闷、心悸、呼吸困难、尿频、手脚发凉或燥热等躯体症状。他们感到紧张或惊恐的程度也往往与现实情况不相符。

焦虑并不完全是坏事，适度的焦虑能够提高工作效率，但是过度的焦虑却会严重影响一个人的生活质量。区分正常焦虑和病理性焦虑（也就是焦虑症）有以下三个标准：一是是否与现实刺激相对应，也就是个体焦虑的强度和引起焦虑事件的性质是否相匹配，比如，理智上个体觉得和别人打招呼是一件很正常的事情，但是在情感上个体还是会焦虑，觉得做不到。二是焦虑的持续时间是否太长。三是焦虑在多大程度上影响了个体的正常生活，比如说，某人每次考试或演讲都因为过度焦虑而失败，因回避社交带来的焦虑，使他们的朋友圈变得很狭窄，其实他们内心中还是想要很多朋友的。

（2）恐惧症。恐惧症患者会对某些特定的对象产生不合理的恐惧反应。他们恐惧的对象可能是单一的也可能是多种的，如动物、暗室、登高或社交活动等。患者极力回避自己所害怕的客观环境。虽然他们知道这是过分的、不应该的，但是也不能控制恐惧的发作，而且常伴有心跳加速、脉搏加快、呼吸急促、出汗甚至昏厥等自主神经系统功能的失调现象。

恐惧症主要分为社交恐惧、动物恐惧、自然现象恐惧、环境恐惧及观念恐惧等。比如很多人都怕老鼠，我们不能认为这是恐惧症。但是如果一个人一看到老鼠的图片、电视里的老鼠，甚至听到别人说起老鼠，就吓得受不了，这就是恐惧症了。大学生较常出现的是社交恐惧，比如害怕出现在众人面前，特别是在公共场合会缺乏自信，常伴有发抖、脸红、出汗或行为笨拙、手足无措等症状。赤颜恐惧是社交恐惧中较常见的一种，只要在公共场合中，个体就感到害羞、局促不安、尴尬，表现得笨拙、迟钝，怕成为人们耻笑的对象。有的人害怕看别人的眼睛，怕与别人的视线相遇，这被称为对视恐惧。

（3）强迫症。强迫症是一种以反复出现强迫观念或强迫动作为主要特征的神经性障碍。强迫症状的主要特点是个体有意识的自我强迫与有意识的自我反强迫同时存在。个体常常为反复出现的强迫现象所困扰，却不能克制其反复出现，并为此感到焦虑和苦恼。

强迫症表现为强迫观念、强迫意向和强迫行为，它们或是单一地出现，或是夹杂在一起出现。例如，屈从于强迫观念的反复洗手、反复核对检查、反复询问；经常迟到，因为要花很多时间重复做某些事情；当听到自杀、犯罪或生病的消息时，会心烦意乱很长时间；常常设想如果自己粗心大意或出现细小的差错会引起哪些灾难性的后果等。

2. 人格障碍

人格障碍是指不伴有精神症状的人格适应缺陷，一般始于童年或青少年，而持续到成年或终生。一般认为，人格障碍是个体在不良先天素质的基础上遭受到环境中有害因素的影响而形成的。在中国精神疾病的分类标准中，人格障碍可分为九种类型，即偏执型人格障碍、分裂型人格障碍、反社会型人格障碍、冲动型人格障碍、表演型人格障碍、强迫型人格障碍、焦虑型人格障碍、依赖型人格障碍及其他类型人格障碍。各类人格障碍在大学生中均有发生，并占有一定的比例。

（1）偏执型人格障碍的主要特点是猜疑和偏执，很难接受周围人的意见，容易与人发生争执。他们经常表现出固执、敏感多疑、过分警觉、心胸狭窄、好嫉妒等。个体往往自我评价过高，把自己看得很重要，倾向推诿客观，拒绝接受批评，对挫折和失败过分敏感，如受到质疑则会争论、诡辩，甚至冲动攻击。对他人有强烈的戒心，让人觉得不通情达理，难以接近。

（2）分裂型人格障碍的主要特点是观念、外貌和行为奇特，人际关系有明显缺陷，情感冷淡。个体对喜事缺乏愉快感，对人冷淡，对生活缺乏热情和兴趣，孤独怪僻，缺少知音，我行我素，很少与人来往，因此也较少与人发生冲突。

（3）反社会型人格障碍的主要特点是漠视他人权利和侵犯他人权利（即行为不符合社会规范）。个体感情冷淡，对人缺乏同情，缺乏正常人之间的爱；易被激怒，常发生冲动性行为；即使给别人造成痛苦，也很少感到内疚，缺乏罪恶感；常做出不负责任的行为，甚至违法乱纪，屡教不改。

（4）冲动型人格障碍的主要特点是行为和情绪具有明显的冲动性。其发作没有先兆，个体不考虑后果，不能自控，易与他人发生冲突。发作之后，个体能认识错误，一般在间歇期表现正常。

（5）表演型人格障碍的主要特点是高度的自我为中心、过分情感化和用夸张的言语和行为吸引他人注意。个体常以行为来吸引他人同情和关注。

（6）强迫型人格障碍的主要特点是要求严格和完美。个体希望遵循一种自己熟悉的常规，无法适应新的变化；缺乏想象，不会利用时机，做事过分谨慎刻板，事先反复计划，事后反复检查，不厌其烦；犹豫不决、优柔寡断。

（7）焦虑型人格障碍也称为回避型人格障碍，主要表现是怯懦胆怯，有持续和广泛的紧张忧虑感，自卑、缺乏自信，渴望被别人接纳，对批评和排斥过分敏感。在生活中，个体常夸大危险，甚至回避集体活动，与人交往较少，缺乏建立人际关系的勇气。

（8）依赖型人格障碍的主要特点是缺乏独立性，感到自己无能和没有精力、缺乏自信，过分依赖别人，缺乏主见，过分服从别人的意志。个体希望别人安排自己的生活，对他人依赖性强。

（9）其他类型人格障碍包括被动、攻击型人格障碍边缘型人格障碍、自恋型人格障碍等。

3. 抑郁障碍

当个体遭遇一些不幸的事件时，会有消极、悲伤的情绪体验。如果个体不能从这种情绪中走出来，而是逐渐变成一种无名的情绪低落且难以恢复，这时就有可能产生抑郁障碍(抑郁症需要专业医疗机构精神卫生科医生诊断)。抑郁情绪可能会发展为抑郁状态，抑郁状态也可能会发展为抑郁症。这三者的区别在于程度不同。抑郁情绪很多人都会遇到，可以通过自我调节或者心理咨询的方式来进行缓解。抑郁症则一定要接受专业的医生诊断治疗，并需要遵医嘱服药。抑郁状态介于这两者之间，具有部分抑郁症的特征，但没有达到抑郁症的诊断标准，建议在此状态下，也可寻求专业帮助。但无论是哪个阶段，我们都可以从情绪感受、行为活动和身体反应三个方面来觉察抑郁情绪。

抑郁的人会体验到很多负面的情绪，且比以往更强烈，持续时间更长，频率也更高。有时候他们甚至会怨恨身边的亲朋好友，但很快又会陷入对自我的厌恶。无助感和无价值感常常让人难以自拔，无法解脱，甚至由此产生出自伤或者自杀的想法或行为。抑郁症不仅仅是个体情绪上的痛苦，它还会改变个体在日常生活中的思维、行为和功能。曾经让个体感兴趣的东西现在可能变得无趣。整个人觉得很累，精力不足，困倦，难以集中注意力。除此之外，抑郁症还会造成暴饮暴食或食欲下降，难以入眠等。抑郁症患者不一定会出现上述所有的症状，出现上述某些症状也不一定是抑郁症。但是，如果个体曾经出现过类似的感觉，特别是有过自杀、自伤的危险想法时，一定要仔细鉴别或者寻求帮助。

4. 精神疾病

精神疾病是指人脑机能活动失调，丧失自知力，不能应付正常生活和与现实保持恰当接触的严重的心理障碍。精神疾病的总体表现包括三点：一是病人的机能受到严重损害。他们对客观现实的反应是歪曲的，出现精神失常现象，比如幻觉、妄想、思维错乱、行为怪异、情感失常等，丧失正常的言行、理智与行为。二是患者的社会功能有严重损失，不能正常处理人际关系及参与社会活动，甚至会给公众的社会生活造成危害。三是患者不能理解和认识自身的现状，不承认自己有精神疾病，对自己的处境完全丧失自知力。我们对精神疾病患者应多理解、关怀、帮助，不应歧视、厌恶、冷淡。正常的社会生活和人际交往有利于患者的康复。

六、心理咨询与朋辈辅导

(一)心理咨询

心理咨询是指心理咨询师协助求助者解决心理问题的过程，主要通过心理学理论指导和技术应用的临床干预措施来进行。心理咨询不包括药物的使用。“帮助求助者解除心理问题”的含义有两点：其一，咨询关系是“求”和“帮”的关系；其二，帮助求助者解除的问题，只能是心理问题，或由心理问题引发的行为问题或躯体症状。除此之外，心理咨询师不帮助求助者解决生活中的具体问题。

心理咨询的对象包括精神正常，遇到了与心理有关的现实问题并请求帮助的人群；精神正常，心理健康水平较低，产生心理障碍导致无法正常学习、工作、生活并请求帮助的人群；特殊对象，即临床治愈或潜伏期的精神疾病患者。

心理咨询的目的是提高个体心理素质，使个体健康、愉快、有意义地生活。

(二)朋辈辅导

朋辈辅导是指受过培训的非专业人员与当事人一起对存在的心理问题进行分析和探讨，帮助当事人更有效地处理问题，健康成长。朋辈包含了朋友和同辈的双重意思。朋友是指有过交往的并且值得信赖的人，而同辈是指同年龄者或年龄相当者，他们通常会有较为接近的价值观念、经验，共同的生活方式、生活理念，具有年龄相近、性别相同或者所关注的问题相同等特点。

《高等学校学生心理健康教育指导纲要》中指出：健全心理危机预防和快速反应机制，建立学校、院系、班级、宿舍“四级”预警防控体系，完善心理危机干预工作预案，做好对心理危机学生的跟踪服务，注重做好特殊时期、不同季节的心理危机预防与干预工作，定期开展案例督导和个案研讨，不断提高心理危机预防干预专业水平。《教育部办公厅关于加强学生心理健康管理工作的通知》中指出：高校要健全完善“学校—院系—班级—宿舍/个人”四级预警网络，依托班级心理委员、学生党团骨干、学生寝室室长等群体，重点关注学生是否遭遇重大变故、重大挫折及出现明显异常等情况。

在高校心理健康教育工作网络中，心理委员有着显著的朋辈辅导优势：一是没有地位差异，没有代际差距，被接纳程度高，可减少建立关系的时间；二是生活在学生之中，遍及校园，能及时、真实而广泛地了解学生中的心理危机信息；三是了解与理解学生的心理困惑与心理感受，容易觉察、抓住与理解学生的语言与非语言线索的含义；四是经过系统的专业课程培训，同理心、共情力得到良好的唤起与提升，自我得到很好的成长。

心理委员在心理辅导过程中需做到尊重、理解、真诚、共情、温暖，需要做到观察细致报危情。针对有精神病性心理问题的学生，处理策略必须周密而慎重，保证当事人及周围人群的安全，24 小时看守，以避免发生意外；协助辅导员联系其监护人，及时送医院治疗；对其应理解、关怀、帮助，不应歧视、厌恶、冷淡。针对有非精神病性心理问题的学生，一般建议其寻求专业心理咨询和心理治疗，必要时辅以药物治疗。需要注意的是，神经症的结论必须由专业人员来做出。心理委员应给予这些学生充分的理解和帮助，既要关心又不能过分关注。具有心理问题的学生，其主要表现为入学适应、学习问题、人际交往、恋爱情感问题、对自我的认同与接纳、经济困难、择业就业和家庭问题等。心理委员需要接触沟通、理解倾听、关心支持，帮助其疏导情绪、澄清问题、寻找原因、指导帮助、调整认知，协助解决实际问题等，必要时可以建议同学寻求专业的心理咨询。

心理委员朋辈辅导的工作载体包括心理宣传主题班会、心理宣传专栏，心理电影赏析、心理剧，心理卫生知识推送，心理沙龙，心理拓展训练活动，个别心理辅导等。

工作思考

新时代大学生思想特点、心理特点与行为规律研究
——以非通用语种专业学生为例

在新时代背景下，开展非通用语种大学生思想特点、心理特点和行为规律研究是关系到非通用语种人才健康成长成才的重要问题。思想政治教育工作者应遵循大学生身心发展特点与规律开展思想政治教育工作。

一、研究设计

（一）研究对象

以西安外国语大学 893 名大学生为总的样本容量，采取学生自愿填写的调查方式，以非通用语种专业大一、大二、大三、大四本科生为调查对象，以问卷星为调查平台，本次调查共计收回问卷 353 份，有效问卷 353 份，有效率为 100%。调查样本基本情况见表 1-4。

表 1-4 调查样本分类汇总

样本类别	性别		年级			
	男	女	大一	大二	大三	大四
人数	79	274	171	82	45	55
百分比	22.38%	77.62%	48.44%	23.23%	12.75%	15.58%

(二)调查问卷

问卷内容包括思想特点、心理特点、行为规律三个方面。

(三)问卷发放与回收

问卷编制完成后采用自愿填写的方式进行数据采集,共2天完成了问卷收集。

(四)数据统计与分析

本研究运用SPSSAU在线数据统计工具进行数据分析与整理,运用Excel进行图表制作。

二、新时代大学生思想特点、心理特点及行为规律分析

(一)思想特点方面

(1)有坚定理想信念,但功利性强。91.50%的学生认为坚定的理想信念对个人生活非常重要,82.43%的学生遇到困难和挫折时,会坚持理想,迎难而上。关于入党意愿(如图1-1所示),59.49%的学生会努力争取加入中国共产党,28.33%的学生想加入中国共产党,但觉得自己还不合格,7.65%的学生没想过加入中国共产党。不同年级呈现显著性差异,大四学生入党意愿最强烈,大一

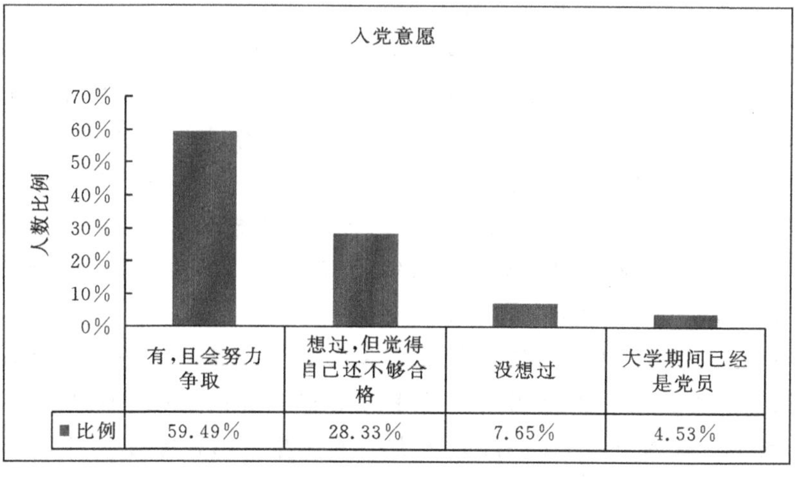

图1-1 入党意愿人数比例

学生入党意愿最低；男生的入党意愿显著高于女生。关于入党动机(如图1-2所示)，42.21%的学生的入党动机是“为人民服务，打算为共产主义奋斗终身”，37.11%的学生的入党动机为“加入党组织以提升自己的能力”，14.73%的学生的入党动机为“可能对自己以后的就业等有帮助”，5.95%的学生不想加入中国共产党。以上数据表明，大学生具有坚定的理想信念，积极向党组织靠拢，不同年级、不同性别学生的入党意愿存在显著差异。同时，非通用语种大学生入党动机不端正，带有较多的功利色彩，需要思想政治教育工作者进行教育引导。

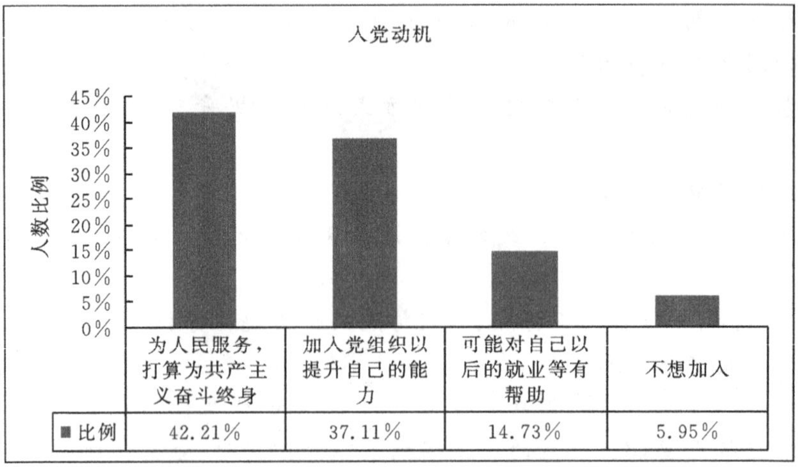

图1-2　入党动机人数比例

(2)政治意识较强，具有文化自信，但政治理论水平较低。64.87%的学生非常关心时事政治，男生较女生更关心时事政治，差异显著。仅有23.23%的学生非常熟悉和了解社会主义核心价值观，可见大学生的政治理论水平还需进一步提高。关于“对我国优秀传统文化的态度”(如图1-3所示)，81.3%的学生非常认可，17.28%的学生比较认可，1.42%的学生认可度一般。非通用语种专业学生在大学期间会到所学语言对象国留学至少一年。学生对我国优秀传统文化、革命文化、社会主义先进文化持有自信态度，可以在留学期间将我国的文化传播到“一带一路”沿线对象国，加深对象国对我国文化的认知与了解，也可以增加学生的爱国热情与自豪感。

(3)诚信意识高，社会责任感欠缺。本次调查问卷的道德修养方面主要考虑了诚信和社会责任感两个因素。关于对考试作弊的看法(如图1-4所示)，96.03%的学生反对作弊，1.98%的学生认为作弊总比补考好，1.13%的学生认为为了高分可以理解，0.85%的学生认为没什么大不了，我也干过。关于“是否参加过志愿服务活动”(如图1-5所示)，25.5%的学生经常参加，55.81%的学

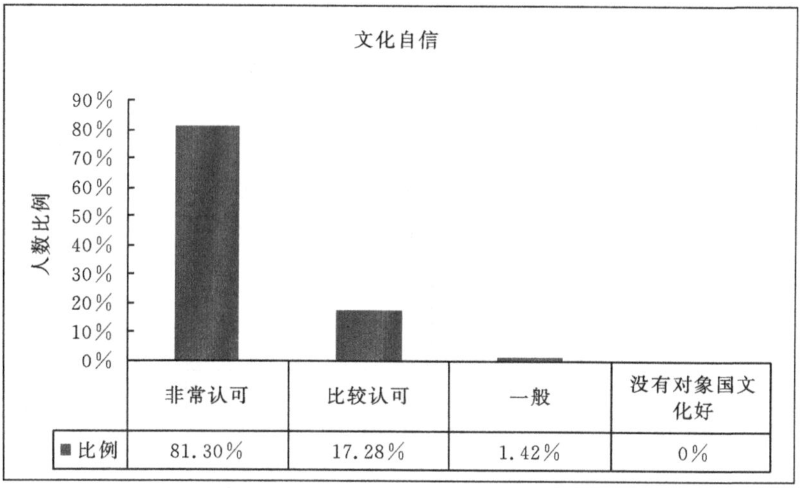

图 1-3　对我国优秀传统文化的态度

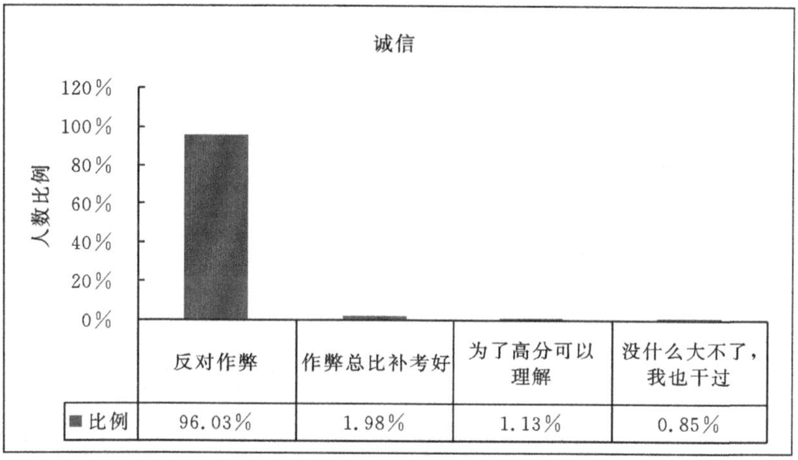

图 1-4　对考试作弊看法

生偶尔参加，4.53%的学生从不参加，14.16%的学生认为没有机会参加。不同年级呈现显著性差异，大一学生参加志愿活动多于大二和大四年级。以上数据表明大学生拥有较好的诚信意识，但社会责任感有待进一步提高，也需要学校和社会各界搭建更多平台，引导学生参加志愿服务活动。

（二）心理特点方面

（1）心理压力大，主要来自学习困扰、就业和自身前途问题。对“近一个月是否经常感到焦虑不安”（如图 1-6 所示），25.78%的学生选择经常，63.46%的学生选择偶尔，10.76%的学生选择没有。大一学生焦虑程度显著高于大二、

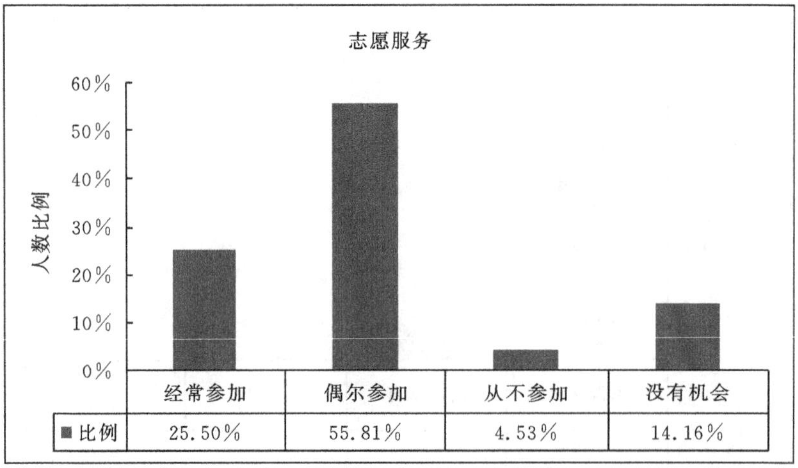

图 1-5　参加志愿服务活动人数比例

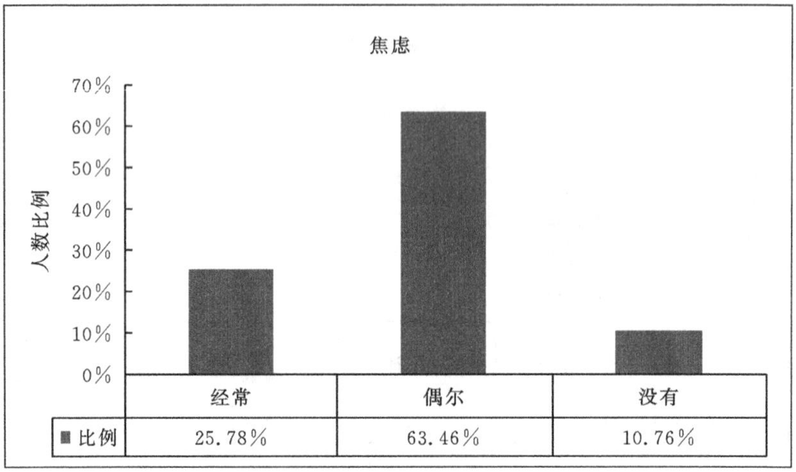

图 1-6　对自身焦虑情绪评估

大三、大四。关于“您认为自己目前压力大吗”（如图 1-7 所示），14.16%的学生认为很大，40.79%的学生认为较大，41.36%的学生认为一般，3.4%的学生认为较小，0.28%的学生认为没有压力，大一学生压力显著大于大二、大三、大四。通过调研分析，大学生的心理压力来自学习困扰、人际关系问题、经济压力、就业和自身前途问题、情绪情感问题、家庭问题、适应问题、身体健康问题、恋爱与性等方面，其中，选择学习困扰的学生占 81.02%，选择就业和自身前途问题的学生占 66.57%。这表明非通用语种的同学对专业学习和就业较为关注。需要注意的是，要引导学生正确应对压力，适当的压力可以激起学生的学

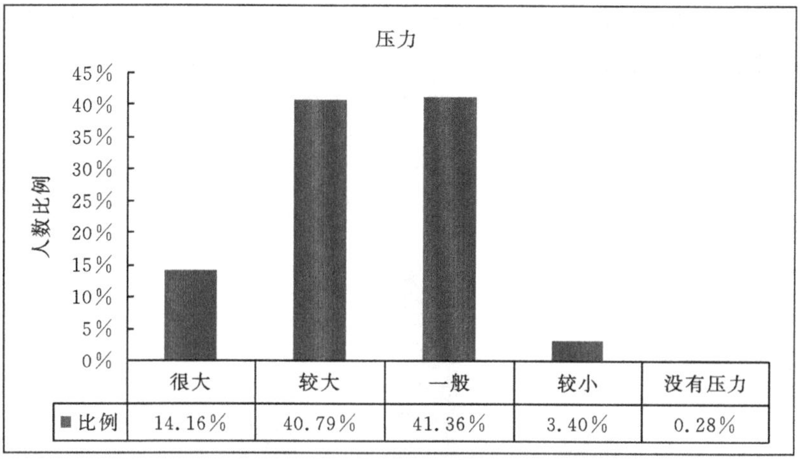

图 1-7　对自身压力评估

习热情，转变为促进学习的动力，但是压力超过自身所能承受的程度后，会带来负面情绪，影响学生的学习效率。

（2）学习状态较好，但缺乏学业、职业规划。对“自身学习状态的评价”（如图 1-8 所示），69.69%的学生选择忙碌却很充实，18.98%的学生选择自由但无收获，9.92%的学生选择诱惑太多，无法静心学习，1.42%的学生选择不想学习，只想玩。大二、大三、大四对自身学习状态的评价显著高于大一。关于“对自己的未来是否有规划”（如图 1-9 所示），12.46%的学生选择有并且很清晰，58.92%的学生选择有但不清晰，26.06%的学生选择没有且很迷茫，2.55%的

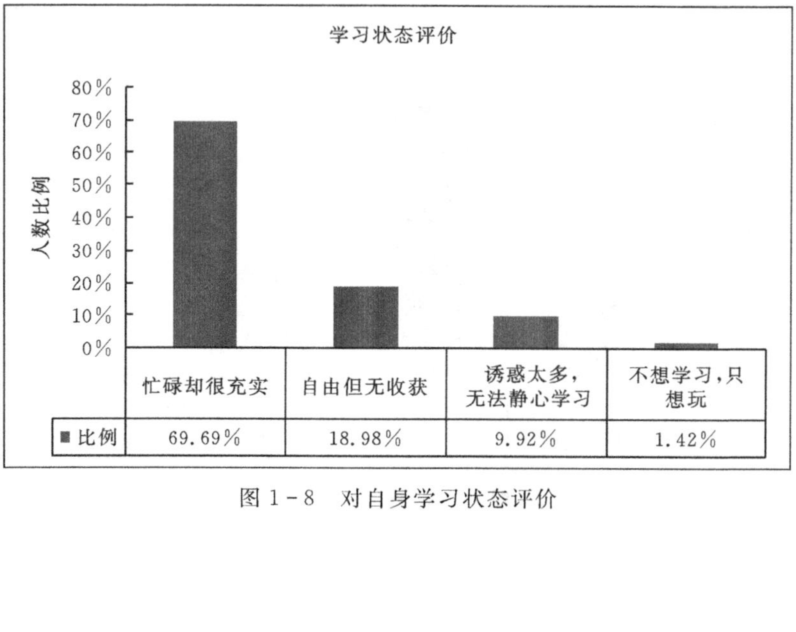

图 1-8　对自身学习状态评价

学生选择没有且不想规划。大一与大二存在显著差异,大二学生有更清晰的规划。以上数据说明引导学生认识规划的重要性和必要性。教育工作者应引导学生以科学的方式和方法规划大学生活、规划职业生涯。

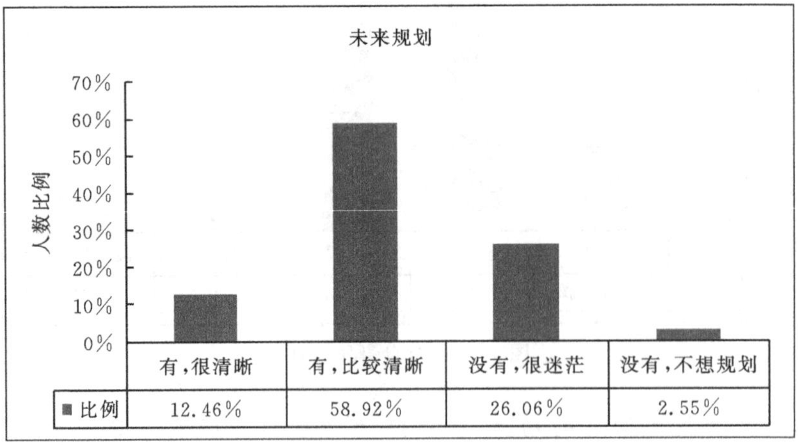

图 1-9　规划未来人数比例

(3)自信心缺乏,自我意识不稳定。关于"自信心如何"(如图 1-10 所示),17.28%的学生认为强,56.66%的学生认为较强,23.8%的学生认为较差,2.27%的学生认为差,男生自信心显著高于女生。关于"对专业未来就业是否有信心"(如图 1-11 所示),34.84%的学生选择很有信心,59.49%的学生选择信心不足,5.67%的学生选择没有信心,大四学生信心显著高于大一学生,男生的就业信心显著高于女生。大学生正处于自我意识逐步趋于稳定的阶段,当

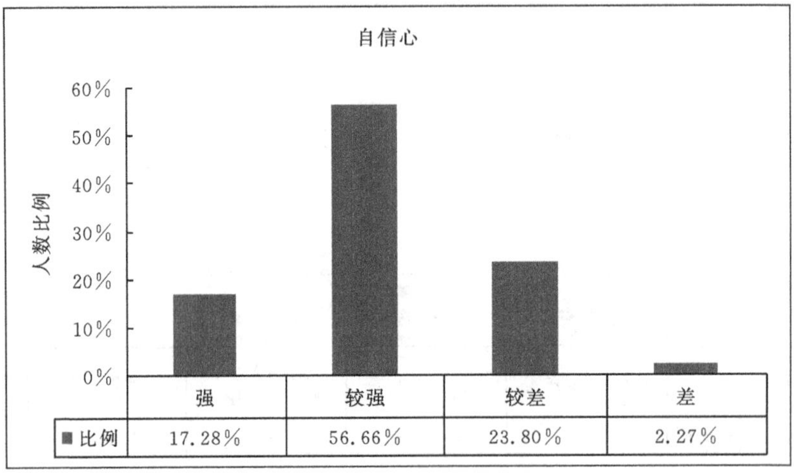

图 1-10　自信心自评

现实自我和理想信念出现矛盾和冲突时，需要学生在客观认识自己的基础上，在不断地学习与实践中锻炼自己，体会成长；也需要在一次次成功与失败的经历中总结经验，提升自我效能感。

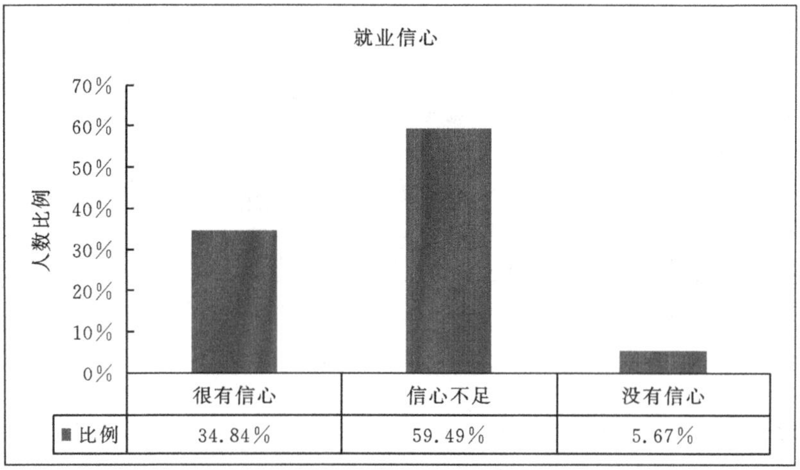

图 1－11　就业信心自评

(4)对心理咨询存在认知偏差。调查显示，当学习和生活中出现心理问题时，40.23%的学生不会去学校心理健康教育中心寻求帮助。原因主要有担心自己的隐私泄露、社会上对心理咨询存在偏见、进行心理咨询没用等。大一与大二、大三、大四学生有显著差异，大一学生不会去心理中心的学生所占比例较高。因此，高校要扩大心理健康教育知识普及范围，特别是针对大一新生，要进一步完善课堂教学、课外活动、心理咨询、预防干预和平台保障“五位一体”育人模式，引导学生正确认识心理咨询及其作用。

(三)行为规律方面

(1)体育锻炼缺乏。每周用于体育活动的时间在 2 小时以上的占39.94%，1 小时至 2 小时占 33.14%，少于 1 小时的占 18.7%，几乎没有的占 8.22%(如图 1－12 所示)。可以看出，大学生用于体育锻炼的时间整体偏少。大一、大二学生参加体育锻炼时间显著多于大四学生，参加体育锻炼的男生显著多于女生。

(2)主动应对压力，对自身人际关系认可度较高。当感到自己遇到困难或有心理压力时，66.01%的学生会向亲戚、朋友、同学倾诉，41.36%的学生会主动查看书籍资料的相关知识，33.99%的学生会通过运动释放压力，30.59%的学生会通过写日记宣泄不良情绪，还有一部分学生会去参加文体活动、向专业

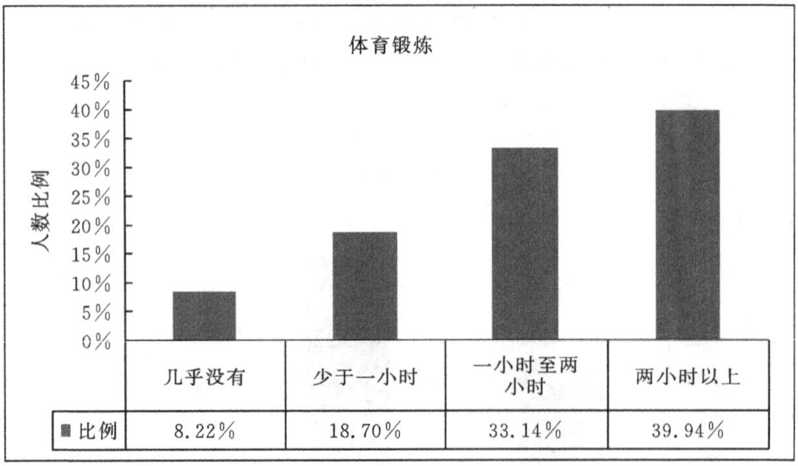

图 1－12 参加体育锻炼人数比例

机构求助、向老师求助等。这说明学生能够根据自身特点，选择适合自己的方式释放压力。关于个人目前人际关系的认可程度（如图 1－13 所示），15.86%的学生十分满意，56.66%的学生比较满意，22.66%的学生选择一般，4.82%的学生选择不满意。可见，大学生对自己的人际关系整体认可度较高。人际关系是大学生活的一门必修课。大学生需要在实际活动中不断提高人际交往沟通能力，学会站在对方的角度考虑问题，理解对方，变被动为主动，共同营造和谐稳定的人际关系环境。

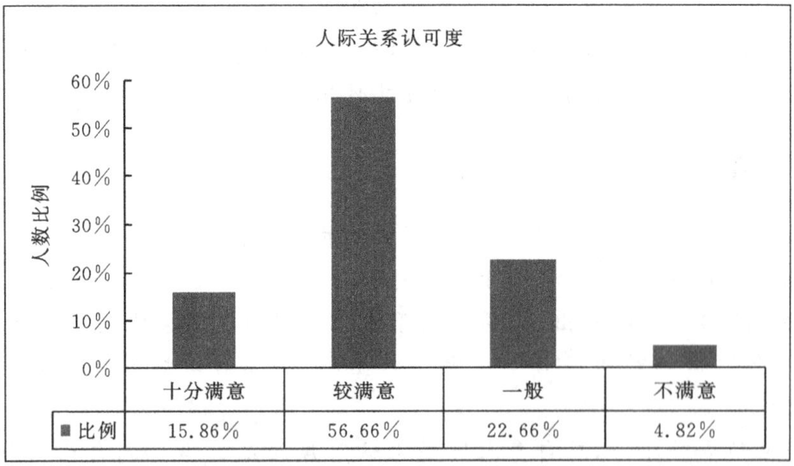

图 1－13 人际关系认可度自评

（3）业余生活多元化，学习自主性有待进一步提高。大学生除了上课时间，有较多的可供自由支配的空闲时间。非通用语种大学生经常做的事情比例由高到低依次为看电影或听音乐(81.59%)、上网(69.97%)、上自习(61.19%)、阅读书刊报纸(49.86%)、睡觉(47.31%)、去图书馆(39.09%)、参加体育活动(36.26%)、参加校园活动(35.41%)、逛商场(30.31%)、旅游(29.46%)、做兼职(18.41%)、谈恋爱(9.63%)、去 KTV 等娱乐(6.52%)、吃饭(6.23%)。可以看出非通用语种大学生的业余生活丰富,但看电影或听音乐、上网所占比例较高。因此教育工作者需要进行教育引导,提高学生的学习自主性。

三、新时代大学生的思想特点、心理特点及行为规律引导策略

(一)加强思想政治教育和心理健康教育的有机结合

2018 年教育部印发的《高等学校学生心理健康教育指导纲要》中明确指出:“心理健康教育是提高大学生心理素质、促进其身心健康和谐发展的教育,是高校人才培养体系的重要组成部分,也是高校思想政治工作的重要内容。”当代大学生遇到的问题多是思想问题和心理问题相互混杂的。作为思想政治教育工作者,应该不断加强心理健康教育知识的学习,了解学生心理发展规律,善于发现学生问题的本质,明确学生的问题是属于心理问题还是思想问题。需要转介至心理健康教育中心的学生需要及时转介。同时,思想政治教育工作者可以运用心理健康教育中的尊重、倾听、共情等心理咨询技巧,在教育中引导学生心灵成长。

(二)结合大学生思想、心理行为特点设置思想政治教育内容

从大学生的思想和生活实际出发,重新设置思想政治教育的内容和教学方式,以适应学生发展需求。在不断加强马克思主义基本理论教育的基础上,采用讨论、辩论、案例分析、情景设置、线上＋线下等互动教学方式,开展课外学习和社会实践活动等丰富教学方式和内容,也可以增加心理健康教育、国际国内重大形势及热点问题解析、励志、考试辅导、就业辅导等多方面的学生感兴趣的内容和话题,增加思想政治理论课程的实效性和丰富性。

(三)注重提升学生综合素质,培养积极健康的心理品质

大学生的思想行为特点与其心理认知有重要关系。教育工作者应教育引导学生学会客观、合适地审视自己,学会悦纳自己;注重培养学生学习和科研能力、组织领导能力、社会实践能力、心理调适能力、创新创业能力、人际交往能力、国际视野、社会责任感、思想道德素质等多方面能力与素质;引导学生在学习与实践中不断成长,不断提升自信心,能够勇敢地面对困难与挫折,提升抗压能力。

(四)以喜闻乐见的方式丰富校园文化活动

校园文化活动对大学生的成长成才具有重要的促进作用。教育工作者应

鼓励和引导学生积极参与到课外活动中;开展党团知识"一战到底"竞赛、暑期三下乡活动、热点主题辩论赛、超级演说家等活动。这样做一方面能锻炼学生的综合能力,另一方面能丰富学生的精神世界,帮助学生宣泄压力和不良情绪,让学生体会充实而忙碌的大学生活,在实践活动中增强自我效能感、集体荣誉感和社会责任感。

四、总结

本研究通过问卷调查的方式对大学生的思想特点、心理特点和行为规律进行了调查。结果显示:针对大一新生,需要进一步加强理想信念教育、心理健康教育、学业规划与职业规划教育,提高其自我认知;针对其他高年级学生,特别是大四准毕业生,需要进一步加强入党动机教育、道德修养教育、体育锻炼引导等方面的内容。以上结论对大学生思想政治教育和心理健康教育有一定指导意义,可以更有针对性地帮助学生解决思想问题和实际问题。大学生的思想特点、心理特点及行为规律会随着时代的发展而不断发生变化,思想政治教育工作者需要在工作实践与研究中不断发现规律、总结规律,遵循学生的成长规律开展工作。

微媒体环境下大学生心理健康教育创新机制

当今社会,网络信息技术日新月异、迅猛发展。人们曾经依赖的许多通信方式都已经成为过去时,取而代之的是微博、微信、QQ 等以"微"为显著特征的新兴媒体方式。人与人之间的交流变得方便而快捷。这些微媒体不光是简单的通讯技术,由于其自身具有发布、转发信息等功能,也具有信息传播速度快、信息内容丰富多样、参与广泛、互动性强等特点,所以微媒体也成了信息的集散地。加之注册用户量之巨大,导致微媒体也已形成了一种以社交关系为基础的流行文化。大学生正处在青春期,对新鲜事物充满好奇,微媒体对大学生的世界观、人生观、价值观更是产生了深远的影响。

现如今,因学业、就业、情感、家庭经济困难等原因,神经症(如焦虑症、抑郁症、强迫症、神经衰弱等)、功能性精神障碍(如精神分裂症、应激障碍等)等心理疾病在高校大学生中呈逐年增长的趋势,轻生、伤人、自虐等心理危机事件也屡见不鲜。这些现实事件向我们说明大学生的心理健康教育刻不容缓。作为高校心理健康教育工作者,要做好大学生心理健康教育,就必须加强对微媒体的研究和使用,及时了解大学生身处的网络环境,掌握大学生关注的信息,根据大学生心理变化状况"对症下药",增强心理健康教育工作方式方法的灵活性,不断提高心理健康教育的针对性和实效性。

一、微媒体的特点

在网络信息技术迅猛发展的今天，大学生获取信息的主要渠道便是网络，网络已经成为大学生生活中不可缺少的重要工具。手机是我国第一大上网终端，随着智能手机的兴起，微媒体时代已经到来。微媒体的主要特点如下。

1. 信息的大众性

在微媒体环境下，每一位拥有智能手机的人都可以拥有自己的微博、微信或者 QQ 等。人们可以随时随地通过简短的文本信息、图片、音频和视频等形式来表达自己的心情、感受或者对某一件事情的看法等。这些信息的内容丰富多彩，信息接收者范围也比较广泛，只要添加了好友关系，均可以获取对方相关的消息。与此同时，在微博、微信平台上也涌现出了关于各行各业的公众账号，如教育、餐饮、交通运输、医疗、新闻传媒等行业，覆盖面广泛。人们可以根据自己的兴趣或者需要选择性地接收信息。这也极大地提高了信息的传播效率。

2. 传播的及时性

微媒体的传播是网状的，它超越了时间、地域和电脑终端等的限制。每位手机网民都可以随时随地的接收消息、发布消息。高校大学生可以根据自己的需求来选择获取文字、图片、视频、音频等信息，并且可以将自己感兴趣的新闻或文章、所见所闻等通过媒体手段及时传播出去。高校心理健康工作者可以以好友的身份来即时了解学生的心理动态，做到及时发现问题，及时解决问题。这也极大地提高了心理健康教育工作的实效性。

3. 沟通的互动性

微媒体具有双向传播的特点。这种双向传播有助于信息发送者和接收者之间进行广泛深入、快捷直接的互动。高校心理健康教育工作者作为信息发送者，可以根据学生的心理状态或者存在的心理问题，发布相对应的教育课程或者有针对性的文章让学生自主学习。而大学生作为接收信息的一方，在查阅相关信息的同时，可以随时发表自己的看法或感受。在微媒体环境下，每个人既是信息传播者，也是信息的接收者。因此，高校心理健康教育工作者可以根据大学生的反馈，及时调整微媒体平台的内容、方式等，真正实现在微媒体平台上的互动性沟通。

4. 信息的共享性

随着微媒体的广泛应用，人们可以通过媒体平台获取新闻资讯、网络课程、好友动态等讯息。部门机构或者个体也可以通过微媒体平台将信息传播出去，信息接收者可以通过接收终端快速地接收消息，及时了解情况。这种一对多的资源共享传播模式，不仅节约了资源，更增大了信息的受众面，提高了信息传播的效率。

二、微媒体对大学生心理健康教育工作提出新挑战

随着高等院校扩招和就业市场人才需求的不断紧缩，大学生在学习、就业等方面的竞争越来越激烈，再加上人际关系矛盾、恋爱等情感问题，大学生的身心承受着巨大的压力，这些压力不利于他们的心理健康发展。开展大学生心理健康教育已经势在必行。这不仅有助于大学生成长成才，而且对维护校园安全、稳定、和谐有很重要的作用。但是，传统的大学生心理健康教育方式简单、途径单一，大多以心理健康教育课为主，对大学生进行普遍性的心理健康教育。这种教育方法存在明显的缺点，就是教育课程的内容针对性不强，授课形式单一，仅注重理论的强行灌输，缺少实践环节。对少数可能存在心理健康隐患的学生由专职或兼职的心理咨询老师对其进行心理咨询。

随着网络信息技术的迅猛发展，微媒体因其分散传播等特征，使得心理健康教育主体由主导者变为平等的参与者。如何利用微媒体将大学生吸引到心理健康教育工作者周围，实现在网络互动中开展心理健康教育，已经成为摆在心理健康教育工作者面前的一项挑战。

三、微媒体对大学生心理健康教育的影响

1.积极影响

微媒体的使用极大地提高了心理健康教育的实效性和针对性。通过查看学生的网络动态，心理健康教育工作者可在第一时间了解学生存在的心理矛盾，有针对性地对其提出建议，做好引导和教育。同时，心理健康教育工作者既可以在微媒体平台上一对一地和学生谈话了解情况，也可以在群聊中进行多对多的交流。这就改变了传统课堂的灌输式教育模式，拉近了师生距离，使老师更容易了解学生存在的心理问题。利用微媒体平台，心理健康教育工作者也可以经常有针对性地分享一些排解心理问题的文章给学生。这样既丰富了教育资源，也使学生能够真正意识到自己的问题。

微媒体的使用也已成为学生舒缓心情、排解压力的一个重要平台。大学生正处于青春期，心理容易产生波动，许多心里话不方便对父母、老师、同学、朋友讲。在虚拟世界中，学生更容易讲出自己的真心话。别人的留言反馈可以在一定程度上舒缓其心理矛盾。大学生面临就业压力，对比条件比自己好的同学也容易产生羡慕、嫉妒。通过观看微媒体平台中经常传播的“心灵鸡汤”，学生可以鼓励自己不气馁，勇于进取。这对排解心理压力有很大作用。

2.消极影响

一方面，微媒体弱化了心理健康教育工作者的调控能力。在传统的教育课堂中，老师发挥主导作用，在心理健康教育中具有绝对的权威性，可以根据

多年积累的经验，针对学生可能存在的心理问题开展引导与教育。微媒体的使用打破了这一现象，对老师的权威性提出了挑战。当老师说的与学生心里想的不一致时，许多学生更愿意相信网络舆论与信息，开始质疑老师。这严重影响了心理健康教育的效果。

另一方面，微媒体上的信息良莠不齐。许多大学生第一次远离父母，身心发展还不成熟，还没有形成正确的是非观与价值观，没有警惕意识，思想的阵地很容易被网络信息占领。有的学生沉迷于虚拟世界，在虚拟世界中交友聊天，把网络另一端的人想象得很美好，整天和虚拟世界打交道，远离现实世界生活。久而久之，这就会影响其身心健康。

四、微媒体环境下大学生心理健康教育的创新机制

1. 建立健全的微媒体运行保障机制

高校应成立微媒体的专职管理机构，制定相应的规章制度和政策来保障微媒体的管理和运行，不断加强对微媒体的使用和管理。在课堂等不允许使用手机的地方可以安装屏蔽器；经常巡查网络，防止出现伪基站等不安全的网络环境；同时，对经过校园主干网的信息进行过滤，防止黄赌毒等有害信息从网络流入，对一些恶性帖子及时进行删除。这样才能给学生创造一个文明、安全、健康的网络环境，切实做好微媒体环境下大学生的心理健康教育安全管理工作。

2. 创新大学生心理健康教育平台

传统的大学生心理健康教育以课堂讲授和现场咨询为主。在微媒体广泛发展的今天，可以将大学生心理健康教育搬到微媒体平台上。创建大学生心理健康教育微媒体平台，通过开通心理健康教育公众号、开展微课堂、组建心理健康教育咨询群等方式来实现。心理健康教育工作者可以在公众号上定期分享有关心理健康教育的知识，将课堂上的讲课视频或课件放到公众号上方便学生随时查看；可以通过微课堂与学生进行即时的课程讲授、答疑解惑与心理咨询服务；可以在心理健康教育咨询群里设立值班老师，对学生出现的心理问题或存在的疑惑及时进行答复。除此以外，还可以建设心理宣泄室，让学生有地方发泄心中不满的情绪，也可以组织一些有助于促进学生心理健康教育的活动，鼓励学生经常参加集体活动。这种线上线下相配合的教学与服务模式，可以有效提高心理健康教育的实效性。

3. 引导大学生提高媒介素养

媒介素养，是指社会群体在通过网络媒体获得各种信息的同时，对信息内容的解读、分析消化和去伪的过程中和在获得网络信息的同时表达自身观点、意愿所表现出来的道德素质。一些别有用心的人总是借助网络煽动不良情

绪。而学生看到这些信息时，如果盲目相信，轻则会影响学习生活的积极性，重则会做出一些违法的行为。因此，高校应经常教育引导学生要对网络媒体上的信息辩证看待，常怀警惕意识，不能盲目相信，防止被不法分子拉拢利用。高校教育工作者可利用微媒体平台弘扬主旋律，传播正能量，对一些网络上的不良信息进行批驳、解析，让学生看到不良信息的真面目，从而提高学生对信息的甄别能力，这样也有利于学生的身心健康发展。

4.提高心理健康教育工作者的素质

微媒体的广泛应用，无疑对心理健康教育工作者提出了新的挑战。在手机、网络尚未发展的时期，大学生生活在“象牙塔”里，对社会各界的信息接触较少。但随着微媒体的发展，学生可以不出学校门，便可以瞬间知晓天下事。许多网络信息被描述得绘声绘色，比起老师枯燥的说教更容易使学生入脑入心。因此，作为心理健康教育工作者，要不断完善自身的知识储备，不断提高自身的综合能力和素质，跟上网络时代发展的步伐，掌握各种新媒体的使用，这样才能更好地教育引导学生。一方面，高校可以为心理健康教育工作者组织专门的培训来提高其使用微媒体开展教育的能力；另一方面，心理健康教育工作者也要加强理论学习和实践操作，通过查阅文献、调查问卷、实地考察、分析总结优秀教学经验等途径研究利用微媒体开展心理健康教育的方式方法，丰富心理健康教育的内容与形式，同时也要学会利用微媒体及时把握大学生的心理动态，有效提高其教学质量和效率。

5.建立健全心理危机事件舆论引导的应对机制

高校应不断完善大学生心理危机事件舆论引导的应急预案，设立专门的舆论引导应急工作领导小组。在相应主管校领导的领导下，学生管理部门，学校保卫、宣传部门，辅导员等积极配合，及时开展工作协调会议，对心理危机事件的应对措施和具体的舆论引导工作进行研讨，作出正确的指挥与决策。同时，高校应将舆论引导和事件处置同步安排、同步推进，第一时间将事件的真相、缘由、进展通过微媒体发布出去，对社会舆论进行正确引导，以免公众不了解突发事件的真相，以讹传讹，不仅对高校声誉造成负面影响，而且容易引起学生心理上的恐慌。

6.建立健全的考核评价机制

利用微媒体平台开展心理健康教育是一个崭新的课题，高校应针对其特性研究制定一套有效考核、评价和奖惩的机制，以此来提高心理健康教育工作者的积极性。在微媒体环境下，高校可以依据心理健康教育工作者通过微媒体发表的教育信息的数量和质量、学生阅读量、学生咨询数量、学生反馈等进行量化考评，并让学生参与其中进行打分，将以上指标纳入其每月的绩效考核中。这对提高心理健康教育工作者的积极性大有帮助，也能有效推动微媒体心理健康教育的顺利开展与发展。

五、结语

微媒体既能快速传播信息，又便于互动交流，这给大学生的心理健康教育工作提供了新平台。但是值得注意的是，微媒体的广泛使用，也对以往传统的心理健康教育带来了很大的冲击，利用微媒体开展心理健康教育已经是一个不容回避的课题。同时，微媒体对于高校的心理健康教育工作来说是一把双刃剑，广大心理健康教育者必须用辩证的眼光看待微媒体对心理健康教育的影响，切实做好并落实其在微媒体环境下的心理健康教育创新。

第二章

情绪管理

一、情绪如何产生

(一)情绪生理理论简介

1. 詹姆斯-兰格理论学说

詹姆斯-兰格理论学说,是由美国心理学家詹姆斯和丹麦生理学家兰格分别提出内容相同的一种情绪理论。他们强调情绪的产生是植物性神经活动的产物,即情绪刺激引起身体的生理反应,而生理反应进一步导致情绪体验的产生,后人称它为情绪的外周理论。

2. 坎农-巴德学说

坎农-巴德学说是由美国生理学家 W. B. 坎农和 P. 巴德共同提出的一种情绪理论。它强调丘脑在情绪形成中起重要作用,它认为情绪的中枢不在外周神经系统,而在中枢神经系统的丘脑,并且强调大脑对丘脑抑制的解除,使植物性神经活跃起来,加强身体的生理反应,从而产生情绪。外界刺激引起感觉器官的神经冲动,传至丘脑,再由丘脑同时向大脑和植物性神经系统发出神经冲动,从而在大脑产生情绪的主观体验而由植物性神经系统产生个体的生理变化。

(二)情绪认知理论简介

1. 阿诺德的"评定-兴奋"说

美国心理学家阿诺德认为:刺激情景并不直接决定情绪的性质,从刺激出现到情绪的产生,要经过对刺激的估量和评价。情绪产生的基本过程是刺激一情景一评估一情绪。同一刺激情景,由于对它的评估不同就会产生不同的情绪反应。情绪的产生是大脑皮层和皮下组织协同活动的结果,大脑皮层的兴奋是情绪行为最重要的条件。

2. 沙赫特-辛格情绪理论

美国心理学家沙赫特和辛格认为,情绪的产生有两个不可缺少的因素:一是个体必须体验到高度的生理唤醒;二是个体必须对生理状态的变化进行认知性的唤醒。情绪状态是由认知过程、生理状态、环境因素在大脑皮层中整合的结果。将这一理论转化为一个工作系统,称为情绪唤醒模型。

3. 拉扎勒斯的认知-评价理论

拉扎勒斯认为情绪是人与环境相互作用的产物。在情绪活动中,人不仅反映环境中的刺激事件对自己的影响,同时要调节自己对刺激的反应。也就是说,情绪是个体对环境感觉到有害或有益的反应。因此,人们需要不断地评价刺激事件与自身的关系。具体的评价有三个层次:初评价、次评价、再评价。

二、情绪分类

(一)基本情绪和社会情绪

基本情绪是指与人生理需要相联系的内心需要,如恐惧、焦虑、满足等,它在人的幼年时期就已经形成了,其带有先天遗传的因素。社会情绪是指与人的社会性需要相联系的需要,如幸福感、善恶感、荣誉感、责任感等,是后天随着人的成长而逐步发展和形成的。

社会情绪是在基本情绪上建立起来的,同时又通过基本情绪表现出来。在大学阶段,大学生更多的是丰富自己社会情绪的感受和体验。

(二)正性情绪与负性情绪

从情绪的功效角度来看,可以将愉快、欢乐、满意、喜欢等视为正性情绪;将痛苦、烦恼、气愤、悲伤等视为负性情绪。正性情绪有助于增加人们生活的乐趣,提高其工作和学习的效率,促进他们的潜能开发,有助于人们自信心的建立。负性情绪通常是指那些不愉快甚至是引发人痛苦和愤怒的情绪体验,会影响人们生活幸福指数。培养积极健康的情绪,是心理健康的重要内容。

情绪在我们生活中也是必要的,有着不可替代的作用。每一种情绪都是有其功能的。普鲁奇克认为人类有 8 种基本的情绪,即恐惧、愤怒、高兴、哀伤、信任、厌恶、好奇和惊讶,他认为人类 8 种基本情绪都是按刺激、情感、想法、行为、效果这 5 种次序排列的,情绪链中的效果体现了情绪的功能,见表 2－1。当人处于危险的境地时,恐惧的情绪反应能促使人更快地脱离险境,起到保护作用。

表 2-1　普鲁奇克情绪链

刺激	情感	想法	行为	效果
威胁	害怕(恐慌)	危险	跑开、逃跑	保护
阻碍	恼怒(愤怒)	敌人	迎头痛击	消灭
具有吸引力的性伴侣	心醉神秘(愉悦)	占有	追求、结合	繁殖后代
失去自己敬重的人	痛苦(悲伤)	孤独	哭泣直到团聚	重新在一起
小组成员	赞同(信任)	朋友	照料、分担	亲近
令人讨厌的事物	憎恶(讨厌)	恶意	砸开、撞开	拒绝
新的区域	好奇(期待)	外面是什么	调查、测绘	侦察
不速之客	惊讶	这是什么	停止、发出警报	定出方向

(三)七情

喜怒哀乐是人们最为普遍的情绪反应。自古以来,人们通常将情绪按其表现分为喜、怒、哀、惧、爱、恶、欲,称之为七情。其中包含 4 种基本情绪。喜,即喜悦,是人在需求达到充分满足时产生的一种满意、愉快和欢乐的情绪体验。喜悦会使人感到轻松、舒畅和满足。怒,是指愤怒,往往是因为人们的愿望、需求不能得到满足或是为此而进行的活动受到阻碍时而产生的一种不满、恼怒的情绪体验。愤怒的情绪会使人产生紧张、压抑甚至狂躁的感觉。哀,即悲哀,当人们的愿望不能得到实现和满足,或是遭遇重大的丧失而引起的悲凉、哀叹的内心感受。悲哀的情绪会使人产生失落、无奈、痛苦的心理感受。惧,是指惧怕、恐惧,是当一个人面对危险境地或是巨大灾难时,而产生的一种极度的恐慌、畏惧感。恐惧的情绪会使人感到呼吸急促、紧张、心悸、全身战栗,甚至使人本能地想逃离。

需要明确的是,一个人的情绪状态很多时候会表现为复合情绪反应,如焦虑、热情、抑郁、轻蔑、骄傲、羞愧及嫉妒。例如,一个人做了错事,会有内疚感,包含了自责、悔恨等内心感受;当一个人经过多年的努力,终于取得了学位,会出现百感交集的情绪状态。

(四)心境、激情和应激

1. 心境

心境是一种微弱、平静和持久的情绪状态。心境具有弥散性、非定向性,它是我们内心世界的背景色,使我们的心情在一段时间内渲染上相应的色调。心境会影响我们的学习、生活甚至心理健康。积极良好的心境可以提高学习和工作的效率,帮助我们克服困难,保持身心健康;消极不良的心境则会使人意志消沉,悲观绝望,无法正常工作和交往,甚至导致一些身心疾病。所以,保持积极健康、乐观向上的心境对每个人都很重要。

2. 激情

激情是一种爆发强烈而持续时间短暂的情绪状态,有明显的外部表现,具有激动性和冲动性,往往是由重大的生活事件引起,生活中的狂喜、狂怒、深重的悲痛和异常的恐惧等都是激情的表现。

激情可以是正性的,与理智和坚强的意志相关,是激励人们积极行动的巨大动力,可以提高学习、工作效率。激情也可以是负性的,具有很大的破坏性和危害性。在负性激情的状态下,人们有时难以理智地分析问题和自我控制,往往会一时冲动,酿成苦果。激情有时还会引起强烈的生理变化,使人言语混乱,动作失调,甚至休克。所以,在生活中应该适当地控制激情,努力发挥其积极作用。

3. 应激

应激是出乎意料的紧张和危急情况引起的情绪状态。在突如其来的紧张状态下,人们调动各种心理资源以应付紧张的局面。例如,日常生活中突发的火灾、地震,飞机在飞行中的突发状况等,都会使人产生一种特殊紧张的情绪体验,即应激。

人在应激状态下常伴随明显的生理变化。加拿大心理学家塞里把整个应激反应过程分为动员、阻抗和衰竭三个阶段。首先是有机体通过自身生理机能的变化和调整做好防御性的准备;其次是借助呼吸、心率变化和血糖增加等调动内在潜能,应对环境变化;最后如果刺激不能及时消除,持续的阻抗使得内在机能受损,防御能力下降,从而导致疾病。

应激的生理反应大致相同,但外部表现可能有很大差异。积极的应激反应表现为沉着冷静、急中生智,全力以赴地排除危险,克服困难;消极的应激反应表现为惊慌失措、一筹莫展,或者发动错误的行为,加剧了事态的严重性。这两种截然不同的行为表现，既同个人的能力和素质有关，也同平时的训练和经验积累有关。如果接受过防火演习和救生训练，遇到类似的突发事故，就能正确及时地逃生和救人。

三、大学生情绪的特点

大学生正处于青春期向成年期过渡的时期，在生理发育接近成熟的同时，心理上也经历着巨大的变化，反映在情绪上，有如下 8 个特点。

（一）外向性

针对大学生的整体水平而言，他们在情绪上表现出乐观、活泼、开放、热情、精力旺盛、积极向上的特点，充满着朝气和激情。

（二）心境化

情绪的心境化是指情绪往往会受制于外界情境并随着它的变化而变化，面对不同的情境时，大学生的情绪反应来得快，消失得也快。

（三）深刻性和丰富性

大学生的情绪体验较之以前更加丰富多彩，并能够随着自我意识的不断发展和各种需要及兴趣的扩展而表现得更加丰富、敏感、细腻和深刻，并发展为更加带有社会内容的情绪体验。

（四）波动性与两极性

大学生的年龄正处于未成年与成年的过渡阶段，一方面，相对于未成年时期，大学生的情绪趋于稳定和成熟；另一方面，与成年人相比，大学生的情绪带有明显的起伏波动性，容易从一个极端走向另一个极端，他们的情绪有时会表现出大起大落、大喜大怒的两极性。

（五）冲动性与爆发性

大学生的情绪特点还表现在他们的情绪体验特别强烈和富有激情。大学生对许多事物都比较敏感，一旦自己的情绪爆发，就相对难以控制，甚至表现为一定的盲目狂热和冲动。在处理同学关系、师生关系的矛盾，对待学习、生活中的挫折时，他们常常会比较冲动，容易情绪爆发，给自己及他人带来伤害。

（六）矛盾性与复杂性

大学时期是大学生面临许多人生重大选择的时期，他们常常会表现出矛盾和复杂的情绪状态。例如，希望自己独立和希望依赖他人同时存在；对自己既不满又不想承担责任；既希望得到他人的理解，又不愿意接受他人的关心等复杂矛盾的心态。

（七）内隐性与掩饰性

虽然大学生的情绪表现有时会喜形于色，但他们已经不像未成年时期那样直率坦露，不少大学生常会将自己的情绪隐藏或掩饰起来，其外在表现与内在体验不一致。这也无形中给大学生的人际交流带来了障碍，使一些大学生出现孤独和苦闷的情感困惑。

（八）想象性

有时大学生的情绪体验还会出现陶醉于以前某一特定的愉快时光中，或是沉湎于某种负性的情绪状态之中，甚至会陷入某种想象出来的情境之中而不能自拔。例如，有的人在一次运动会比赛中失利后，感到无地自容，后来会渐渐泛化到认为周围的人都轻视自己，从此产生自己处处都不如别人的不良心态。

四、情绪与心理健康

（一）抑郁症

抑郁症是以持久性的心境低落为特征的神经症，其具体表现见表 2－2。

表 2－2　抑郁症的表现

特征	举例
悲观的情绪	悲哀、抑郁；对日常的大部分活动失去兴趣或乐趣
食欲	食欲差；体重显著减少
睡眠	失眠或者睡眠过多
运动、活动	显著减缓（运动迟滞）或激越

续表

特征	举例
内疚感	感觉自己没有价值；自责
注意力	思维和集中注意的能力降低；健忘
自杀	反复想到死；有自杀的观念或举动

据世界卫生组织统计，全球抑郁症发病率为3.1%，而我国的发病率高于世界平均水平，且近年来呈上升趋势。抑郁症等精神疾病已经超越心脏病和癌症，成为我国医疗健康体系面临的最大难题。更值得关注的是，我国抑郁症患者出现年轻化趋势。目前，药物治疗仍是医治抑郁症的主要方法，医学团队仍在不断探索生物学成因及医疗方法的改进。

（二）焦虑症

焦虑症是一种具有持久性焦虑、恐惧、紧张情绪和自主神经活动障碍的脑机体不适感。焦虑始于对某种事物的热烈期盼，形成于担心失去这些期待、希望；适度的焦虑有助于个人潜能的开发；病理性焦虑是缺乏明显客观原因的内心不安或者恐惧，表现为持续性的精神紧张（怀疑、担忧、不安、恐慌）或发作性惊恐状态。

焦虑症表现为情绪紧张不安，忧心忡忡；注意力集中困难，极端敏感；心跳加快，过度出汗。

五、管理情绪的方式、方法

（一）正确宣泄情绪

（1）哭：适当地哭一场。

（2）喊：痛快地喊一回。

（3）诉：向亲朋好友倾诉（依靠自己的社会支持系统）、自我倾诉（写日记）。

（4）动：进行适当的运动（跑步、全身肌肉放松、瑜伽等）。

（二）合理控制情绪

（1）积极自我暗示。针对某件消极事件，可以进行积极自我暗示，比如，“没事儿，我下次可以做得很好。”

（2）深呼吸法。站直或坐直，微闭双眼，排除杂念，尽力用鼻子吸气，尽量用腹部呼吸；轻轻屏住呼吸，心中默念：1、2、3；缓慢地用嘴呼气，吐气时数 1、2、3，把气吐尽为止；再重复 3 次以上。

（3）转移注意力。用看喜欢的书、听音乐、看电影和朋友玩等方式转移注意力。

（三）积极自我认知

（1）合理客观审视自己，找优点、找好处。

（2）每天记录 5 件开心的事。

（四）情绪 ABC 理论（合理情绪疗法）

1. 情绪 ABC 理论的内涵

情绪 ABC 理论的创始者埃利斯认为，正是由于我们常有的一些不合理的信念才使我们产生情绪困扰。久而久之这些不合理的信念还会引起情绪障碍。

在情绪 ABC 理论中，A 表示诱发性事件，B 表示个体针对此诱发性事件产生的一些信念，即对这件事的一些看法、解释，C 表示自己产生的情绪和行为的结果。

以表 2－3 中的事件 A 为例，体会自己会产生什么想法，产生什么情绪？引出决定我们情绪体验的不是事件 A 本身，而是我们对事件 A 的认识与看法 B。因此，我们要学会区分合理信念和不合理信念，学会将不合理信念转变为合理信念。

表 2－3　合理情绪疗法事例

事件 A	想法 B	情绪 C
你的好友说周末会找你去逛街，但整个周末她都没有和你联系	这个人一点都不讲信用	讨厌
	她根本不当我是朋友	气愤
	她可能突然有急事来不及通知我	谅解
	她不会是来找我时出了什么意外吧	担心

2. 非理性信念的特点

（1）绝对化（以自我为中心），是指人们常以自己的意愿为出发点，认为某事物必定发生或不发生。它常常表现为将“希望、想要”等绝对化为“必须、应该”

或“一定要”等，比如，分手这事绝不能发生在我身上，现在竟然发生了，我无论如何受不了(不能忍受，绝对化)。这种绝对化的要求之所以不合理，是因为客观事物都有其自身的发展规律，不可能以个人的意志为转移。对于某个人来说，不可能在每一件事上都获得成功，周围的人或事物的表现及发展也不会以个人的意愿而改变。因此，当某些事物的发展与其对事物的绝对化要求相悖时，个人就会感到难以接受和适应，从而极易陷入情绪困扰之中。

(2)过分概括化(以偏概全)，一种不合理的思维方式的表现，它常常把“有时”“某些”过分概括化为“总是”“所有”等。它具体体现在人们对自己或他人的不合理评价上，典型特征是以某一件或某几件事来评价自身或他人的整体价值。比如，我辛苦准备了那么久，考试还是失败了，我将永远不会有什么作为(过度概括)；我没做好，没得到大家的认可，我就是个大笨蛋(贬低自我价值，以偏概全)。

(3)糟糕至极(可怕推论)，认为如果有一件不好的事情发生，那将是非常可怕和糟糕的。比如，我必须考专业第一，竟然没有考上，天下再也没有比这更可怕的了(糟糕可怕至极)。这种想法是非理性的，因为对任何一件事情来说，都会有比之更坏的情况发生，没有一件事情可被定义为糟糕至极。如果一个人坚持这种“糟糕”观，那么当他遇到所谓最糟糕的事情时，他就会陷入不良的情绪体验而一蹶不振。

3. 驳斥“五宝”法和替代的理性想法

(1)驳斥五宝法。这个想法会伤害我。这个想法会破坏我与别人关系。这个想法使我不能达到目的。这不是事实，只是我的主观想法。即使情况没改善，我就真的怎么样了吗？

(2)替代的理性想法。虽然我不喜欢……，但还不至于……；虽然我不喜欢……，但我仍然……；虽然……不好……，但是……；要是……就好了；将“应该”换成“希望”。

拓展阅读

假设你要参加演讲比赛，你感到十分焦虑、紧张和害怕。

原想法：我应该要讲得很好，不可出错，出了错是很糟糕的事情。万一讲不好被耻笑，多没面子呀！讲不好说明我是个没用的人。

驳斥：这想法会影响我，使我不能正常表现。即使犯了错误，被耻笑，我真的受不了吗？讲错了就很没面子吗？一次演讲讲不好就说明我是个没用的人吗？这想法并不是事实，只是我自己主观的意见，不切实际地夸大了后果。这想法会使我无法达到预期目标。

驳斥后形成新的合理的想法：虽然我不喜欢犯错，但是如果犯了错，只会感到生气，还不至于到糟透了的地步。虽然我讲得不好，但我仍然是个有用的人。一次行为表现不等于一个人的全部；一件事做不成，不代表我就是笨蛋。不犯错最好，但不表示我一定不可以犯错。

（五）理性情绪疗法

理性情绪疗法（Rational-emotive therapy，RET），又称合理情绪疗法，是20世纪50年代由艾利斯在美国创立，它是认知疗法的一种，因其采用了行为治疗的一些方法，故又被称为认知行为疗法。其治疗整体模型是“ABCDE”，是在埃利斯的ABC理论基础上建立的。他认为人的情绪和行为障碍不是由于某一激发事件直接所引起，而是由于经受这一事件的个体对它不正确的认知和评价所引起的信念，最后导致在特定情景下的情绪和行为后果，如图2-1所示。

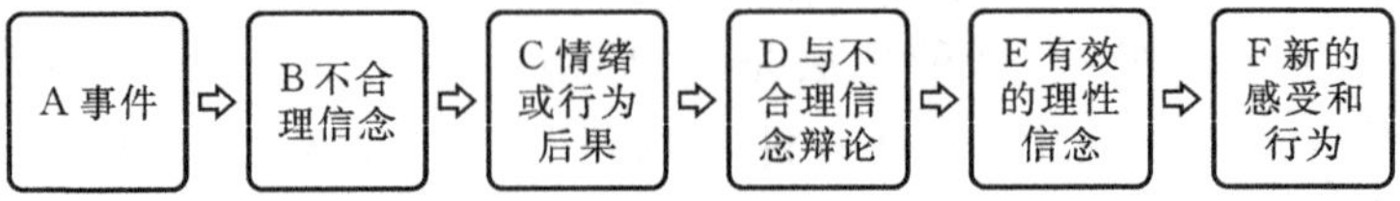

图2-1 理性情绪疗法的内容

举例讲解RET自助治疗练习表的使用，引导学生们学会与不合理信念辩论，学会使用RET自助治疗练习表，见表2-4。

表2-4 RET自助表（修订）

分类	项目	具体分析
（A）	诱发事件（紧临我感到情绪困扰或产生自损行动之前发生的事件、思想或感受）	我必须考上好的大学，必将成为一个对社会有用的人
（C）	后果或情况（在我身上出现的，也是我想要改变的情绪困扰或自损行为）	会一蹶不振，碌碌无为地度过每一天，毫无作为
（B）	信念[导致我产生情绪困扰或自损行为的非理性信念（IBs）]	圈出所有你应用于诱发事件的IBs

续表

分类	项目	具体分析
(D)	辩论(与每一圈出的非理性信念辩论)	正:为什么你必须干得非常棒?反:因为我有这样的能力,绝对能够办好分配的任务,所以我是非常棒的。正:如果你有一个任务由于客观原因没有完成,那么就证明你没有能力,你不棒吗?反:是的,必须是每件事都要做到完美。正:就算有时没有做到很棒,但不能说明不好,结果还是好的,就像成功90%,失败10%,对我来说还是成功的
(E)	有效的理性信念[取代非理性信念的理性信念(RBs)]	我希望干得很棒,但并非事事如此
(F)	感受和行为(我获得了自己的理性信念之后感受到的)	通过理性情绪的分析,能够正确认识自己,分析自己的认知和情绪,自主调节自己的情绪,情从理生,以理驭情
备注:我将在大量场合作出很大努力,有力地对自己重复我的有效理性信念,这样我就能使自己在现在减轻情绪困扰,在将来减少自损行为		

非理性信念举例如下:

(1)我一定要得到每个人的爱和赞赏。

(2)我必须在每个方面都够格、能干、有成就。

(3)世界应该是公平的,我应该永远受到公平待遇。

(4)其他人的信念和价值观应该跟我的相同,他们做事情的方式也应该跟我相同。

(5)有些人很坏,他们的为非作歹应该受到谴责或惩罚。

(6)如果我没把事情做好,那么我就是一个坏人、一个白痴、一个失败者。

(7)世界应该提供我所需要的东西,生活应该过得舒舒服服,我不应该遭罪,不应该遇到麻烦。

(8)事情如果没有按我喜欢的方式发展,就太糟了。

(9)面对问题,还不如逃避问题那么容易。

(10)心情是由生活境遇决定的;当事情进展地不顺利,我就不可能开心。

(11)如果有可能发生坏事情,我就应该左思右想。

(12)任何问题都有一个正确答案。如果我找不出答案,就太糟了。

(13)我必须干得很棒或非常棒。

参考文献

[1]李江雪.大学生情绪管理与辅导[M].北京:北京师范大学出版社,2010.
[2]刘佳.大学生心理健康实用教程[M].西安:陕西科学技术出版社,2020.
[3]傅小兰.情绪心理学[M].上海:华东师范大学出版社,2016.
[4]樊富珉,费俊峰.大学生心理健康十六讲[M].北京:高等教育出版社,2020.

【案例】

缓解毕业生就业焦虑情绪

一、案例简介

小可(化名),男,大四学生,家庭经济困难。家里面有奶奶、爸爸、妈妈和弟弟。爸爸是矿工,其收入是家里的唯一经济来源,爸爸患有慢性病,需长期服药。妈妈是家庭主妇,在家照顾4岁的弟弟和高龄的奶奶,妈妈身体也不好。家里日常开销比较大。

小可是家里唯一的大学生,家人对其抱有很高的期望。小可性格内向,不善言辞,他希望自己学有所成,帮助家人改善生活条件。他从大一开始便刻苦学习,是同年级同专业男生中学习成绩较好的,小可也给自己确立了求职目标:找一份跟本专业相关且可以外派的工作,因为外派工资待遇较国内高。这种“刻苦学习,努力奋斗,找到好工作,提高家人生活水平”的想法一直激励着小可。随着毕业季的到来,小可的心理压力与日俱增,他曾尝试应聘一些工作岗位或实习岗位,但都以失败而告终,看着周围的同学都陆陆续续找到了工作,小可越来越焦虑,已经影响到正常休息和学习。

二、问题关键点

根据马克思主义哲学基本原理的“矛盾的普遍性和特殊性”原理,即认识事物矛盾的特殊性,要具体问题具体分析。对小可的问题要有针对性地解决,就要深入了解其特殊性,抓住主要矛盾方面。通过对学生目前已经存在问题的分析,认为主要矛盾是因为求职而产生的焦虑情绪,这种焦虑情绪已经影响学生正常学习和生活。因此,首先要缓解学生的焦虑情绪,其次是要帮助学生客观全面认识自己，悦纳自我，提升自我效能感，重新树立自信心，最后帮助学生提升就业能力。

三、案例分析处理

1.运用心理咨询方法与技术，缓解焦虑情绪

学校里具有相应职业资格认证的老师、心理健康教育中心心理咨询师或者有一定心理咨询经验和心理学知识的老师，可以在与学生交谈的过程中，运用摄入性会谈，积极关注、共情、尊重、真诚等技术，与学生建立更加良好的咨询关系和师生关系。

针对学生的焦虑情绪，可以采取认知行为疗法、宣泄疗法和放松训练等方法，帮助学生缓解焦虑情绪。认知行为疗法是通过改变来访者关于自身的错误的思维方式和观念，并教会来访者一些适应环境的技能，以帮助他们改善不良的情绪和行为，达到消除不良情绪和行为的心理治疗方法。采用认知行为疗法帮助学生觉察导致自己焦虑情绪的基本信念和想法，比如，只要我努力准备了，就可以找到好工作；只要找到好工作，就可以改善家人的生活条件。这种信念和想法使学生形成“找不到好工作，父母就会失望，家人还是会过苦日子”的消极想法。

宣泄疗法是引导来访者将内心的不良情绪宣泄出来，可以是哭泣、诉说，也可以是运动锻炼身体、歌唱、写文章等。通过学生的描述，他更愿意采用运动的方式来宣泄自己的情绪。建议学生：当发现自己情绪焦虑或者失落时，可以在操场跑步锻炼，以便宣泄自己的负面情绪。同时，将放松训练的音乐和指导语发给学生，引导学生根据语音提示做放松训练，每天晚上一次，每次约15分钟。

与此同时，及时联系学生父母，告知其学生在学校的实际情况，希望得到家长的配合，因为学生就业焦虑情绪和家长较高的就业期望有很大的关系，建议家长以理性平和的心态看待子女就业，只要孩子努力付出了，就值得肯定，要在精神上给予孩子支持。同时希望父母能够多和学生沟通交流，注意关心孩子的方式，不要过多强调找到工作改善生活条件的事情，以免再次增加学生心理压力。

2.采用SWOT分析法，了解自我，悦纳自我

引导学生运用SWOT分析法分析自己的优势（Strength）、劣势（Weakness）、拥有的机会（Opportunity）、面对的威胁（Threats），旨在通过此方法找到树立信心的突破口。学生的SWOT分析内容如图2-2所示，引导学生正确认识自己的优势与劣势、机遇与挑战及四者之间的关系。同时肯定学生敢于自我认识的勇气，肯定他的优势。在接下来的工作中，帮助他恢复自信心，提高求

职能力。

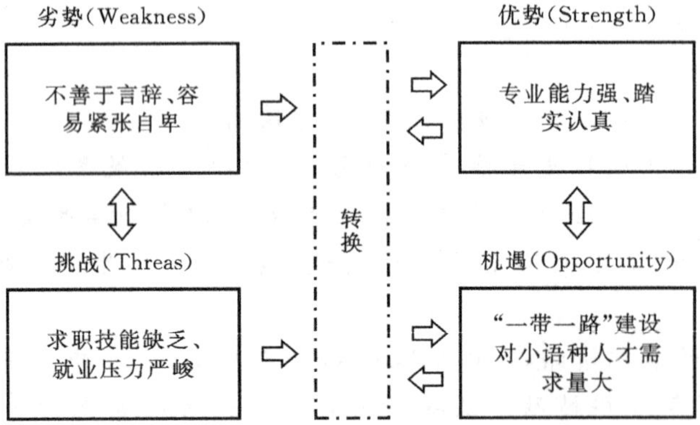

图 2-2　SWOT 分析图

3.提高自我效能感

自我效能感是美国心理学家班杜拉于 1977 年首次提出的，主要指人们对自身能否利用所拥有的技能去完成某项工作行为的自信程度。给学生设立比较容易完成的任务和目标，如搜索 3 条就业信息、口译一段专业文字等，让学生在不断地成功中提升自我效能感。同时，引导学生回忆自己成功的经历，比如，考入大学、竞选成为班委等，分析成功的原因；分析自己前几次求职失败的原因，不断总结经验，在进行归因过程中提高自我效能感。

4.“一对一”就业技能培训，提高就业能力

借助“吉讯大学生职业测评与规划系统”平台的“自我了解”功能，帮助学生了解自己的职业兴趣、职业性格、职业技能、价值观等，结合学生的求职目标，分析适合学生的单位和岗位。同时，给学生分析近几年的专业就业形势，非通用语种专业的男生就业存在一定优势，且前几届学生都是百分之百就业；向其讲述就业信息搜集渠道，主要是利用互联网信息和校招平台；最后根据学生的求职目标，帮助他修改了 5 遍简历，演练了 2 次结构化面试，安排 6 名学生干部与其共同练习了 3 场非结构化面试。

四、案例思考和工作建议

辅导员在从事大学生日常思想政治教育过程中，要深入贯彻落实全国高校思想政治工作会议精神，关心关爱学生，努力走进学生心中，与学生建立深厚的友谊。同时也要“因事而化、因时而进、因势而新”，遵循思想政治工作规律，遵循学生成长规律，不断提高工作能力和水平。每一位学生有其共性的问题，也有其特殊性问题，需要辅导员在分析研究后针对性解决。这个案例带给我们的思考如下。

1. 辅导员要加强理论学习，注重实践与理论结合

辅导员工作要深入学生、了解学生、理解学生。恰当分析学生家庭和学生本人心理是有针对性地解决问题的前提，因此，辅导员要加强思想政治教育学、教育学、心理学、管理学等学生工作相关理论的学习，以便更加深入分析学生案例，而不仅仅停留在问题的表面。同时，辅导员在大学生日常管理教育中要注重人文关怀，培养学生理性平和的心态，学会将理论知识运用于实际教育管理活动中，通过团体辅导、谈心谈话、主题班会等形式解决大学生的实际问题，促进学生成长成才。

2. 把握学生问题的规律性，针对性提升学生心理健康水平

(1)制定“一生一策”方案。辅导员通过进班级、进宿舍、进食堂、进网络等途径，从任课教师、党员干部、学生干部、舍友同学等不同角度收集、汇总学生信息，并让班级心理委员和宿舍心理信息员时刻关注学生的心理状态，以便及时掌握学生各方面信息，对其分类管理，为每个同学制定符合其自身情况的帮扶方案。

(2)引导学生尽早进行职业生涯规划。辅导员可以借助学校“吉讯大学生职业测评与规划系统”、职业生涯规划讲座、主题班会等途径，引导各年级学生逐步建立自己的学业规划和职业规划，并提醒学生要根据自身能力和环境的改变而不断调整自己的规划。

(3)建立并完善就业技能培训体系。引导低年级学生积极参加学校学院组织的各项社会实践活动，引导高年级学生利用寒暑假时间到企业、政府部门实习，通过这些实践活动帮助学生了解社会，服务社会，提高自身竞争力。同时，学院开设就业技能培训课程，给大三年级的学生讲授关于简历制作、结构化面试和非结构化面试、面试礼仪等方面的知识，并开展相关的模拟求职大赛，为学生提供实际演练的机会，使其了解自身特点，增强就业能力。

3. 构建学校—家庭—社会联合帮扶体系

从马克思主义哲学与系统论思想联系的角度来考虑，二者均包含着发展和联系的观点。从马克思主义哲学思想中的内容来看，物质是运动和发展的，运动是不需要任何条件的，规律是物质存在的方式。在系统论当中，认为系统论中所存在的所有子系统之间必然存在一定的关联，它们相互统一，并且呈现着对立的关系，这些组成了系统发展和变化的根本规律。即学校教育是通过学校、家庭、社会等多方面作用来实现的，因此，针对高校学生心理疏导，应该从学校、家庭和社会入手，建立三者联合的体系来帮助学生提高心理健康水平。

工作思考

大学生心理压力源及应对方式

压力,也称为应激,是指各种刺激作用于个体,使其生理或心理的内稳态受到干扰时,个体在多因素作用下出现的,努力维持内稳态稳定的过程。大学校园的人文环境、文化氛围、生活方式,大学老师的教学方式与方法,大学生的学习方法与目标与高中阶段有很大的区别,大学生由于身心发展尚未完全定型,自我调节和自制能力不强,复杂的自身问题和环境问题往往容易导致他们产生激烈的心理冲突,产生较大的心理压力。许多心理危机事件表明大学生的心理健康问题不容忽视。因此,要在学生工作经验及查阅文献的基础上,对大学生的心理压力源及应对方式进行了总结分析,希望对提高大学生的心理健康水平提供帮助。

一、大学生心理压力源

1.家庭经济困难方面的压力源

高校中存在部分家庭经济困难的学生,这部分学生无力支付或者难以支付昂贵的教育费用。大学阶段的花费对来自贫困家庭的学生来说,是一项沉重的负担,他们注定要比周围人多一份来自经济上的考验。有些贫困生,感觉自己上大学给父母、家人造成了严重的经济负担,心理上有负罪感。有些学生,因为经济困难,感觉自己比别人低一个档次,觉得别人看不起自己,有严重的自卑感。有些学生,因为贫困,比较敏感,对别人的一些话或者行为,容易往反方向去想,与人交往容易产生矛盾和压力。还有些学生因为沉重的经济负担,想努力挣钱减轻父母负担,但由于正处于学习阶段,没有赚钱能力,这又使他们产生了焦虑。经调查显示,83.2%的家庭经济困难学生承认自己有心理压力。如果不能及时化解学生的心理压力,长此以往,有些学生就会形成严重的性格缺陷。

2.人际关系方面的压力源

“90后”学生大多是独生子女,从小在父母的呵护中长大,可能未独立生活过,也可能未住过集体宿舍,他们习惯了一切以自我为中心,不会顾及他人感受,缺乏与人交往的技能与技巧。由于大学生来自不同地域,生活习惯与生活方式存在很大差异,这也会不同程度地导致人际交往的矛盾,其中,宿舍矛盾是当代大学生中普遍存在的现象。因此,人际交往技能是大学生活的一门必修课,需要大学生通过课程学习、参加活动、担任学生干部等形式去领悟。同时,性格因素也会影响大学生的人际交往,如内向、冷漠、偏执、暴躁、易激等,由于性格不易转变，这会对大学生的人际交往造成更大的心理压力。

3. 情感方面的压力源

大学生正处于青春期，开始进入性成熟阶段，对与异性交往充满向往，许多大学生都希望在大学里能发生一段恋情，甚至希望能找到人生中的另一半。因此，谈恋爱在大学里已经是比较普遍的现象，大学生谈恋爱都充满浪漫主义色彩，对“爱”似懂非懂，容易靠一时冲动建立感情关系，有些甚至把单纯的好感当成了爱情。事实证明，大学的爱情关系都比较脆弱，一旦时间久了，曾经可以忽略的缺点就会被无限放大，从而产生矛盾或者转移恋爱对象，这对双方或者某一方都可能产生严重的打击。加上大学生刚离开父母独自生活，没有经历过多少坎坷，心理承受力普遍比较脆弱，很容易造成心理压力。自我调整快的话，会通过短暂的疗伤从痛苦、失望、伤心中摆脱出来。但有些大学生会长期陷入失恋的痛苦中，从而变得消沉，有些学生甚至会产生报复或者自我伤害的想法。

还有一些大学生由于自身或者外界种种原因，在大学没有谈恋爱，如果周围谈恋爱学生较多，每天看着其他同学出双入对，这也容易给其造成一定的心理压力，感觉自己不如别人，得不到异性喜欢，开始怀疑自己。如果一直想不通，有些学生甚至会因此郁郁寡欢。

4. 家庭环境方面的压力源

有一些大学生的父母对其期望过高，对子女的学习生活要求过分，甚至有些求全责备，使学生没有一点自主性，这对学生心理产生了很大压力。部分学生的父母关系不好，家庭矛盾比较突出，子女经常夹在中间，压力较大。还有一些学生的父母离异，学生缺少应有的父爱或者母爱，看到别人和父母幸福生活，心生羡慕，有些甚至会产生嫉妒情绪。一些学生的父母病故，学生小小年纪就要忍受失去亲人的痛苦。这些来自家庭的因素都会给学生带来极大的压力。一旦调节不好，可能会酿成悲剧。

5. 学业方面的压力源

随着高校教育体制的改革，大学生选修够相应学分就可以拿到毕业证和学位证。但是受奖学金评定、推荐入党、公派出国、就业、考研等现实问题的影响，大学生在学业方面存在很大的心理压力。主要表现在以下几方面。

首先，学生对所学习的专业不感兴趣。他们所学习的专业可能是高考时调剂的专业，也可能是当初填报高考志愿时对所学专业不太了解，入学后才发现自己对所选专业不感兴趣。兴趣是最好的老师，学生一旦对所学专业失去了兴趣，便会觉得学习是一件痛苦的事情，这会给他们的身心造成巨大的压力。

其次，大学的管理模式、教学方式与方法、学习策略等与中学有很大区别，大学的学习相对来说比较轻松，学生可支配的自由时间较多，如果学生对自己要求不严格，没有掌握科学的、适合自己的学习方法，没有端正学习态度，没有完成从高中到大学的角色转变，这些都会增加学生在学业上的心理压力。

再次，大学生除了专业课程的学习外，还要面临各类证书的考试。除了英语四六级、计算机、普通话等基本技能考试外，还有英语专四专八、小语种等级考试、会计上岗证、教师资格证、环评师、建造师、心理咨询师等专业性考试。学生需要花费大量的时间与精力上培训班或自学，可见，这些考证给学生带来的压力有时甚至超过了专业课学习。

6.就业方面的压力源

随着高等院校招生人数的不断增加和就业市场人才需求的不断紧缩，"大学生就业难"已经成为一个不可避免的社会现实。随着近几年经济形势严峻，部分单位和企业招聘条件苛刻，比如，要求重点本科院校毕业、专业排名在前多少名、大学四年成绩达到多少……这些要求使大学生不再满足于"60分万岁"，在大学期间便忙于考各种证件、参加各种培训班，给学生带来了巨大的压力。许多大学生承受着毕业即失业的压力，如果这些在竞争中处于劣势的大学生不能够摆正心态的话，很容易产生极端情绪。

二、大学生自身对压力源的应对方式

1.提高自我效能感

自我效能感是指个体对自身能否完成某一任务或工作行为所具有的能力判断和信念，它是由情景决定的能力知觉。个体的自我效能感越高，越能以积极有效的方式处理压力。大学生可以从以下几个方面提高自我效能感：一是从自己以往成功的经验中提高自我效能感。可以总结回忆自己经历的一些具有挑战性的事情，最后通过自己努力达到了预期希望，鼓舞自己一定能战胜眼前的困难。二是通过自我暗示来提高自我效能感。每天起床时10分钟或者睡前10分钟，默默地告诉自己，自己一定能行，这样通过潜意识来激励自己成为理想中的样子。三是用榜样的力量来提高自我效能感。寻找一个自己周围有成功经验与自己条件相近的同学，以其为榜样，通过向其学习看齐来提高自己战胜困难的勇气。

2.正确认识心理压力

根据压力的弹簧效应，压力越大，工作效率越高，但是当压力达到一个临界点之后，压力越大，工作效率就会越低。大学生要像弹簧一样，增强自己的实力，压力自然就变小了。人的一生分为好多阶段，每个阶段都有不同的烦恼和压力，因此大学时期面对的这些压力只是人生道路上一部分，在压力面前要保持平常心，将压力视为“纸老虎”，不能将压力视为“洪水猛兽”，不可战胜。当产生压力时，要学会采用积极的方式方法与态度去面对压力，将压力转化为动力，不断促进自己成长成才。当压力超过自己所能承受的范围时，要学会自我调节，降低压力给身心带来的伤害。

3. 采用积极的应对方式

积极的应对方式对大学生的身心健康和成长成才有很大的影响。很多学生心里一直存在压力，但就是不采取行动去克服压力，压力就会越来越大。因此要积极行动起来，将难题化解，将目标分小，一步步、一点点地战胜困难。对一些自己积极努力也不能解决或者本身就是无法改变的现象，一方面要寻求帮助，另一方面要善于劝慰和说服自己，时刻保持良好的心态，并不断增强心理健康意识，掌握自我调节的方法，用健康的方式来宣泄情绪，保持心理平衡。可以通过和好朋友倾诉、写日记、发表微信或 QQ 状态等放松方式将压力宣泄出去，也可以通过跑步、健身的方式进行放松，或者通过看书、唱歌、爬山等来转移注意力，使压力得到缓解。

三、高校帮助大学生应对压力的措施

1. 落实家庭经济困难学生的资助工作

家庭经济困难学生是高校中比较特殊的一类群体，学校应加强对他们的人生观、价值观、世界观的正确引导，帮助他们抛弃类似于贫困很丢人、不光彩等错误观念。在保护学生自尊的同时，利用国家给予的贫困生资助政策，包括申请助学贷款、奖学金、助学金、困难补助、勤工助学等给予学生资助，并做好监督使这些资助切实落实到家庭经济困难学生身上。

学校还可以和一些单位合作，专门设置一些适合大学生的岗位，让学生利用业余时间通过自己劳动获得一些经济收入来补贴生活费用。这样既保护了学生的自尊心，又能使学生体会到劳有所获的乐趣。

2. 完善大学生心理健康教育体系

贯彻落实教育部印发的《普通高等学校学生心理健康教育课程教学基本要求》，根据大学生的心理发展特点和心理健康教育的需要，形成适合各自高校大学生心理健康教育的课程体系。大学生在学习相关心理健康教育课程的同时，高校心理健康教育工作者还可以定期针对不同的心理问题学生展开团队心理辅导、心理健康教育主题班会等活动，及时对心理问题学生进行压力疏导和心理健康教育，启发学生平衡心理压力。同时，学校应不断完善心理健康普查，建立心理咨询室，以便及时发现大学生心理问题，对重点学生建立档案，并定期做再测试，及时发现心理异常情况。

另外，学校可以组织开展丰富多彩的校园文化活动，根据学生存在的主要心理问题设计相应的活动内容与形式，引导他们积极参加，发挥特长，通过参加活动来释放他们的压力，缓解不适的情绪与心理状态，增加他们的自信心，使其逐渐融入集体生活。总而言之，积极向上的校园环境，有助于学生改善和锻炼适应能力，拓宽视野，增强个体应对压力的信心和勇气，让每位学生都能健康发展。

3.帮助大学生做好学业规划和职业生涯规划

学业规划，是指个体为了明确人生学业发展道路，对学业所进行的统筹规划和合理安排。生涯规划是个体积极努力规划未来人生发展轨迹，结合个人的能力、性格、优势、劣势，做好合理安排，并不断优化目标实现的过程，以期达到预定的计划。职业是人最大的生涯，职业生涯规划就是实现职业上的规划，来实现人生目标。影响大学生就业成败的关键，就是要不断提高他们的专业素养与专业水平，不断提高他们的综合素质与能力，做好职业发展的长远规划。因此，生涯规划的正确与否影响着大学生今后的人生发展走向，也影响着整个大学生涯质量的高低。

高校可以通过组织开展优秀毕业生公开课、新老生经验交流会、大学生职业生涯规划讲座等活动或开设大学生职业生涯规划教育课程，使大学生熟悉自己所学专业的概况。引导他们多向学长学姐了解学习与大学生活经验、就业方向和就业市场情况及招聘单位对相关专业人才的能力需求，为走向工作岗位做准备。大学生也要懂得从勤工俭学、社团活动、社会实践、各类竞赛、公司实习、担任班干部等活动中锻炼自己独立自主、组织管理、决策、人际交往等能力。

同时，要缓解大学生就业压力，高校还需要从引导大学生树立正确实际的就业观、强化就业平台设施建设、努力拓宽大学生就业渠道和就业空间、建立健全鼓励大学生创新创业的保障机制等方面着手。

四、结语

大学生的心理压力源多种多样，除了学校的教育引导外，大学生自身还要学会正确认识压力，积极应对压力，这对大学生学业生涯和职业生涯均具有不可忽视的作用。

第三章

人际交往

2016年12月，国家卫生计生委、中宣部等22部门联合印发《关于加强心理健康服务的指导意见》，其中指出："加强心理健康服务、健全社会心理服务体系是改善公众心理健康水平、促进社会心态稳定和人际和谐、提升公众幸福感的关键措施。"良好的人际关系是塑造大学生健全人格的重要方面，积极健康的人际关系可以提高大学生的幸福指数。大学时期是大学生探索人生、了解社会、树立理想的重要阶段。人际交往教育可以帮助大学生克服交往危机、化解心理冲突、保持个性心理健康。

一、人际交往的概念与重要性

（一）人际交往的概念

人际交往也称为人际沟通，是指人与人之间彼此交流信息的过程，即个体通过一定的语言、文字或肢体动作、表情等各种途径或方式，将某种信息传递给其他个体的过程。这些信息包括参与互动的个体观念、思想、知识、兴趣、情感、情绪等。

（二）人际交往的重要性

（1）感觉剥夺实验。感觉剥夺实验就是夺去有机体的感觉能力而进行研究的方法。对人来说，感觉剥夺是暂时让被试的某些（或全部）感觉能力处于无能为力的状态，把人放在一个没有任何外部刺激的环境中进行研究，从而探索其生理和心理变化的方法。

第一个以人为被试的感觉剥夺实验是由贝克斯顿、赫伦、斯科特于1954年在加拿大一所大学的实验室进行的。

被试是自愿报名的大学生，每天的报酬是20美元（当时大学生打工一般每小时可以挣50美分），所以大学生都极其愿意参加该实验。所有的被试每天要做的事情是一天24小时躺在有光的小屋的床上，时间尽可能长（只要本人愿意）。被试有吃饭、上厕所的时间。

严格控制被试的感觉输入，如给被试戴上半透明的塑料眼罩，可以透进散射光，但没有图形视觉；给被试戴上纸板做的套袖和棉手套，限制他们的触觉；头枕在用U形泡沫做的枕头上，同时用空气调节器的单调嗡嗡声限制他们的听觉。实验前，大多数被试以为能利用这个机会好好睡一觉，或者考虑论文、课程计划。但后来他们在报告中说道，对任何事情都不能进行清晰的思考，哪怕是在很短的时间内。他们不能集中注意力，思维活动似乎是“跳来跳去”的。感觉剥夺实验停止后，这种影响仍在持续。具体来说，对于简单的作业，如词或数字的记忆，感觉剥夺没有影响；对于中等难度的作业，如移动单词中的字母问题，感觉剥夺也没有什么影响；对于复杂的问题，如需要高水平语言能力和推理能力的创造测验、单词联想测验，接受过感觉剥夺的被试不如未接受感觉剥夺的被试的成绩好。感觉剥夺影响了复杂的思维过程或认识过程。从感觉剥夺实验中，还发现了一个意想不到的结果，那就是接受感觉剥夺实验的被试中有 50%的人报告有幻觉，其中大多数是视幻觉，也有被试报告有听幻觉或触幻觉。视幻觉大多在感觉剥夺的第三天出现，幻觉经验大多是简单的，如光的闪烁，没有形状，常常出现于视野的边缘。听幻觉包括狗的狂吠声、警钟声、打字声、警笛声、滴水声等。触幻觉的例子有感到冰冷的钢块压在前额和面颊、感到有人从身体下面把床垫抽走。

（2）爱与归属的需要。马斯洛的需求层次结构是心理学中的激励理论，包括人类需求的五级模型，通常被描绘成金字塔内的等级。从层次结构的底部向上，需求分别为：生理（食物和衣服）、安全（工作保障）、社交需要（友谊）、尊重和自我实现，这五个需要层次是一个由低到高逐级形成并逐级得以满足的。

爱与归属的需要是指一个人要求与其他人建立感情的联系或关系，比如，结交朋友、追求爱情。一个已经获得适当安全感的人，如果具有固定的住所和稳定的收入，他就会感觉到需要朋友、爱人、孩子，以及在所处群体中所处的恰当的位置，并希望得到社会与团体的认可、接受，愿意与同事建立良好和谐的人际关系。如果这些需要得不到满足，人便会产生强烈的孤独感、疏离感，产生痛苦的体验。

从心理学上来讲，人为什么有爱与归属的需要，可以从以下三方面来理解：①社会层面。人们可以从自己的社会支持系统（朋友、爱人、老师、同学、家人等）中获得帮助，增加幸福感与安全感。②心理层面。如果一个人被排斥，容易产生抑郁、焦虑、孤独等情绪，不利于心理健康，影响正常的学习与生活。③生理层面。失恋、丧偶、被监禁的人更容易产生疾病，这与心理健康水平程度低也有一定关系。

二、人际吸引

人际吸引是指在人际交往过程中所形成的对他人的一种特殊形式的社会

态度，是个体对他人给予积极和正面评价的倾向。人际吸引中的主要成分是人的感情。影响人际吸引的因素有以下几点。

(一)邻近律

邻近律的发生不是无条件的，在地理位置和交往频率两个条件的作用下，邻近律才能发挥作用。邻近律在人际关系建立之初，所起的作用较大，但是随着交往的深入和彼此了解的加深，邻近律对人际吸引的作用将逐渐减弱。比如，发小、闺蜜、青梅竹马等。

(二)相似律

相似律是指人们在交往过程中，如果双方或几方在年龄、职业、性别、社会地位、文化程度，尤其是认识态度上具有某种一致性和相似性时，容易相互吸引。相似性的因素很多，包括文化背景、民族、年龄、学历、修养、社会地位、职务、思想成熟水平、兴趣、态度、观点、专长等。

(三)互补律

互补律是指在交往过程中，当双方的需要和满足途径正好成为互补关系时，会产生强烈的人际吸引。也就是说，交往的双方，当一方所具有的品质和表现出的行为正好可以满足另一方的心理需要时，前者就会对后者产生吸引力。互补性与相似性并不矛盾，只不过它们在不同的场合和领域发挥作用。一般来说，在人际关系建立的最初阶段和较低水平时，人们更注重相似性因素。但在人际关系发展的高级阶段，则是互补性占优势。并非所有的相反特征都能互补。例如，在夫妻关系中，支配型的男性通常与顺从型的女性更容易相处，脾气急躁的人往往喜欢和脾气温和的人交朋友。

(四)外貌特征

容貌、体态、服饰、举止、风度等外貌特征在人际吸引中的作用也很重要，尤其是在人际交往的初期。好的外貌特征会给人良好的第一印象，产生“晕轮效应”(一种对他人的认知偏差)。

(五)能力

人们往往欢迎和接纳有能力的人。有研究表明，在其他条件相当的情况下,能力强的人更容易受到人们的喜爱。这是由于人们认为与能力强的人在一起,能得到更多的资源和支持。

三、大学生人际交往的特点

(一)交往范围扩大,注重群体生活

首先,交往对象由单一的初高中同学、家人扩大为大学同宿舍、同班级、同专业、同学院、同学校、跨学校、社会人士等更为广泛的群体。其次,交往对象不仅包括同性交往,异性交往也日渐活跃。再次,高校设置有多种工作、活动平台,如学生会、社团等,大学生积极踊跃参加,在集体活动中收获快乐与友谊。

(二)交往内容丰富,交往手段多元化

大学里丰富的文体类活动及其他一些集体活动增加了同学们之间的交流与沟通。除了线下的人际交往,线上的网络沟通也为大学生的人际交往提供了便利,丰富了大学生人际交往的途径。

(三)交往目的多样化,交往频率提高

为了自身发展需要,大学生的交往动机变得复杂,除了情感上的人际交往,有时会开展与自身利益相关的人际交往。比如,为了更好地了解专业学习与发展的情况,大学生会主动向高年级的学长、学姐们询问学习方法,增加彼此交往的频率。

(四)平等意识增强,内心矛盾冲突多

大学生正处于自我意识逐步趋于成熟和稳定的阶段,独立和自尊的要求日益增强,人际交往中平等意识逐步增强。同时,内心情感需要丰富,但由于理想与现实的差距,容易产生心理矛盾与冲突。大学生希望在大学阶段找到志同道合、相互帮扶的朋友,希望被关注、被关爱,但由于人际交往技能欠缺,以自我为中心的认知偏差,往往会在人际交往中受挫,产生消极情绪体验。

四、大学生人际交往中常见认知偏差及心理障碍

(一)认知偏差

大学生人际交往中认知局限主要表现在对自我认知偏差和对他人认知偏差两个方面。自我认知偏差突出体现在大学生不能正确认知自我和积极悦纳自我，如在交往中表现出的自卑或自负等心理状态。对他人认知偏差是产生人际交往问题的重要原因，即大学生因为不能正确认识他人和全面了解他人而做出错误判断，造成个体人际关系困境。长期陷于人际认知局限会造成大学生恐惧和抵触交往。

1. 对自我认知的偏差

大学阶段正是自我意识成长的阶段，大学生开始对自我进行更多的探索，但由于自我意识不够成熟，很多大学生缺乏对于自我的客观认知和评判，无法判断自己合适的位置。

自我意识是个体对自己身心状态的察觉和认识，包括认识自己的生理状况、心理特征及自己与他人和周围世界的关系。从内容上来看，自我意识包括自我认识、自我体验和自我调控。自我认识是认知的一种形式，主要包括个体的自我感觉、自我观察、自我分析和自我评价等方面内容。自我体验属于情绪、情感的范畴，主要包括自尊、自信、自卑、自负、自责、自豪感等方面内容。自我调控指个体对自己的心理、行为和态度等方面的调节，主要包括自主、自立、自律、自我教育、自我控制等方面。从形式上来看，自我意识包括生理自我、社会自我和心理自我。生理自我是对自己的身体、性别、年龄、容貌、仪表、健康状况及所有物等方面的认识。社会自我是对自己在一定的社会关系和人际关系中的角色、地位、名望等方面的认识。心理自我是对自己的能力、性格、气质、兴趣、信念、世界观等个性特征的认识。

2. 对他人认知的偏差

(1)首因效应是我们生活中常说的第一印象，是指个体与陌生人第一次接触后形成的印象。比如，当我们初来到一个班里上课时，都会在新面孔中寻找适合做我们朋友的人，也许恰好就有一个人让你觉得亲切可爱、热情幽默、善良乐观，你很想和他或她成为好朋友，可是当你和他或她相处了一段时间甚至

一个学期、一年以后，你逐渐发现他或她不是你原来想象的样子，而是个斤斤计较、自私小气、脾气不好的人。我们很容易因为第一印象中别人表现的好或坏来判断这个人是好人还是坏人。

（2）晕轮效应，又称“光环效应”，是指在对人的某些品质、特征形成了清晰、鲜明的印象后，掩盖了其他品质特征的知觉。比如，“情人眼里出西施”。

（3）近因效应是在交往过程中，对他人最近、最新的认识占了主体地位，掩盖了以往形成的对他人的评价。比如，在一个公司里，一个员工做了一件错事，需要上司给其鉴定，这下即使这位员工以前做过一百件好事，也会无济于事，这位上司也会对其产生不好的印象，甚至在以后的工作中不重用该员工了。可见，近因效应影响着人际交往中对人和事作出客观、正确的评价和判断，妨碍着我们客观地、历史地看待人和客观事实。

（4）刻板效应又称定型效应，是指人们用刻印在自己头脑中的关于某人、某一类人的固定印象，以此固定印象作为判断和评价人依据的心理现象。

（5）投射效应是在认知过程中形成对他人的印象，总是假设他人与自己有相同的倾向特征。比如，父母替子女填报志愿、选择工作等。

（二）心理障碍

1. 羞怯与社交恐惧

（1）表现：表情羞涩，脸色绯红、神情不自然，行为拘谨、动作忸怩、被动交流、说话声音颤抖、手足无措，语无伦次，不能充分表达自己的思想感情。严重者不敢见人，拒绝与任何人交往，自我孤独，抑郁消沉。

（2）原因：缺乏自信，患得患失；理想自我过高，追求完美印象；自我意识敏感；人际交往挫折。

（3）调节：放下包袱，树立自信；循序渐进，主动交往。

2. 孤独感

（1）表现：学习生活中独来独往，缺乏交往的愿望和兴趣，有意远离集体，自我封闭，孤芳自赏。

（2）原因：家庭环境优越，长期被父母娇生惯养，养尊处优；或是在成长过程中受到过很大挫折，心理压力大。

（3）调节：积极与人交往。

3. 自卑感

（1）表现：觉得自己低人一等，感到惭愧、畏缩甚至灰心，缺乏独立主见，为人孤独,不愿与人交往。

(2)原因:深层的心理体验是自己看不起自己;自我评价过低;理想自我与现实自我冲突。

(3)调节:提高自我认识水平、客观评价自我;修正理想自我;接纳自己的缺点;积极自我暗示;学会自我鼓励与肯定;扩大自我的“开放区域”;进行实践锻炼。

4. 嫉妒感

(1)表现:对他人的长处、成就、荣誉、名望十分不满,抱有不友好、憎恨情绪,冷嘲热讽,恶意诽谤;对别人的不幸幸灾乐祸;严重者会仇视他人、厌恶他人,产生敌对情绪,甚至有报复和攻击行为。

(2)原因:自我中心,唯我独尊;争强好胜;虚荣,不自信。

(3)调节:加强修养,培养达观的人生态度;自我充实,转移注意;培养真实的自信心。

5. 猜疑心

(1)表现:对他人的言行过分警觉、敏感、多疑,总以为别人看不起自己、议论自己;把无中生有的事强加于人,甚至有时候把别人的好心曲解为恶意,严重者发展为癔症或被害妄想;做事谨小慎微,生怕引起别人的不满;经常感到伤感、焦虑。

(2)原因:心理防御过度,不信任他人;不自信;自我投射;挫折经历。

(3)调节:培养理智,完全尊重事实,避免感情用事;善于沟通,澄清真相;纠正认知偏差;培养自信,放平心态,不过分在意别人的评价。

五、人际交往沟通技巧

(一)真诚微笑

微笑可以让对方感到温暖,精神放松,营造良好的沟通氛围。

(二)保持合适的人际距离

人与人之间 0～50 厘米是恋人、夫妻、父母、孩子及爱人之间的亲密距离。人与人之间 46～76 厘米是适合握手、交谈、与熟人交流的距离。在正常情况下,陌生人之间的交谈距离应在122厘米左右。人们在工作环境和社交聚会中保持的距离大致范围是1.2～2.1米。

(三)学会倾听

倾听是人际交往与沟通的一种重要技巧,可以通过注视对方、微笑、点头示意、“嗯”等认可对方的词语表达自己在用心听。

(四)培养同理心

同理心是情商理论的专有名词,最早由卡尔·罗杰斯提出,是指在人际交往过程中,能够体会他人的情绪、想法,理解他人的立场和感受,并站在他人的角度思考和处理问题的能力。同理心就是将心比心,同样时间、地点、事件,将当事人换成自己,也就是设身处地去感受、去体谅他人。同理心不仅是与对方产生共鸣性了解,还包括把对对方的了解传达给对方、给予对方支持和帮助。

同理心包括三个部分:①辨识。站在对方的立场去了解当事人的感觉及行为。②沟通。把所了解的表达出来,让对方知道助人者对他的感觉、行为已经了解了。如,“你看起来……”“你刚才说……”“你的意思是……”“我不知道理解得对不对,你这件事……”“听起来你似乎……你能再告诉我更多一些这方面的情况吗?”等。③理解、支持和引导。不一定是完全赞同当事人的观点,但是在前两步的基础上,给予对方充分理解、必要支持和有效引导。

用同理心去沟通,需要做到:站在对方的角度;能专心听对方说话,让对方觉得被尊重;能正确辨识对方情绪;能正确解读并反馈对方说话的情绪和含义。

(五)适当的自我暴露

在沟通交流过程中,可以根据谈话情景的需要,适当地向学生讲述自己相同的经历,表达出自己的感受与情绪,让学生感受到老师是可以理解他们的,我们曾经经历过和他们一样的事情。

(六)发挥语言的“洪荒之力”

经常赞美(真诚、具体、感受性的、公开)对方;记住对方的名字;批评时点到为止,不翻旧账,不攻击对方人格,就事论事;意见不一致时避免争辩,让对方陈述自己的理由,叙述你的理由,得理也要让人;拒绝时先肯定对方的行为,再温和而坚定地陈述自己的理由并表示歉意,也可提出另一建议;寻求帮助(给对方增加自信的机会)；不要在对方不开心时讲自己的开心事或在对方开心时讲自己的不开心。

(七)换位思考

每个人都拥有自己的个性特点和不同需求，我们要学会换个角度来思考问题，尊重对方，理解差异。

练习用“空椅子”法换位思考。找个安静的地方，放两把空椅子，你先坐在一张椅子上；想象冲突的对方就坐在对面的椅子上。然后，将你对对方的各种不解、不满、意见都向对面的椅子毫无保留地表达出来。

当你发泄完之后，坐在另一张椅子上，想象你自己就是对方，对面的椅子上是你自己，你现在从对方的角度来一一回答你刚才提出的指责，并宣泄不满的情绪。

这样的角色互换游戏，有助于我们换个角度看问题，不仅能注意到自己的情绪、需求和不满，也能关注和理解别人的情绪、需求和不满，提供消除隔阂的基础，拉近人与人之间的距离。

【案例 1】

小王，大二学生，班长，性格独立，工作能力突出，但人际关系比较紧张，不但与自己室友相处困难，而且也不受班级同学欢迎。在同学们心目中，他是一个傲慢、武断的人，不尊重同学，说话不注意方式方法，不好接近。小王为此感到头疼，同学们不支持他的班长工作，像是在故意和他作对。他认为通知过的事情，同学们就不应该多次反复询问，如果出现多问几遍的情况，他就会表现出不耐烦、不情愿，并会用言语斥责同学们不认真、不上心。久而久之，同学们纷纷感到不满，不愿与小王交往。同学们的态度使小王感到孤独，没有归属感，他焦虑甚至恐惧，但不知如何入手改善现状。因为他自己也纳闷：我究竟有什么问题？

案例分析：

小王人际交往失败的主要原因在于过于自傲(自我意识不成熟)。自傲是由对“自我”没有客观合理的认识、不切实际地高估自己引起的。导致小王人际交往失败的具体原因可结合心理过程(知、情、意)和个性心理(人格)来分析：①认知因素方面。交往过程中的认知因素包括对自己的认知、对他人的认知和对交往的认知。小王过高评价自己会导致自大，在交往中盛气凌人，或者不屑于交往，不注重他人感受。②情绪和意志因素方面。交往过程中的情绪因素包括对交往的情绪反应、人与人之间的情感关系及心理距离的远近。情感成分是人际交往中的主要特征，对人的好恶决定着交往者彼此之间的行为。小王对同学们的不愿意和不耐烦，让同学们处于尴尬、难堪的境地，同学们对他采取的行为是排斥、远离、不服从安排。③人格因素方面。交往过程中的人格因素包括交往者的能力、气质、性格、价值观等。不利于人际交往的人格特征是，以自我为中心，不为他人的处境和利益着想，对他人冷淡、不尊重人等。小王虽然已是大二学生，但是由于性格独立，以自我为中心，不会设身处地地为同学们着想，导致他和同学们之间的感情淡薄。

为了促进自身心理健康的发展，提升人际交往能力，小王可以从以下几个方面来调适心理：①提升对自身角色的认知，一方面，在班长这个角色中，应该本着为同学们服务的心态来工作，锻炼自己的耐心，在回答同学们疑问时要有耐心，认真倾听，及时解答；另一方面，在“自我认知”方面，小王应该合理客观地审视自我，明确自身的优点与缺点。②善于发现同学优点，妥善运用赞扬和批评。赞扬能够释放出个人身上的能量，调动人的积极性。批评使对方产生反感或者自卑，只有用意善良、符合事实、方法得当，才能产生积极的效果。小王在与同学交流时，应当减少批评他人的次数，多赞扬。③学习人际交往技能，培养交往能力，将人际交往变被动为主动，积极主动为同学们排忧解难。

【案例2】

有位上海来的女同学，性格外向，家庭环境较好，可和她分在一个宿舍同住的偏偏是几位来自边远地区且比较内向的同学，她们的生活方式甚至穿衣打扮都不同，产生了许多大大小小的摩擦，几个同学一起找到辅导员，强烈要求把那位女同学调到别的宿舍，经辅导员老师的多次调解，才算把问题解决。

案例分析：

当出现了与宿舍同学关系不好时，应从认知方式、情绪反应、交往技能和技巧等方面进行分析，这样有助于改善和同宿舍同学的关系。

第一，对自己的个性进行分析，提高自我认知能力。大学生对外部环境的观察和思考已接近成熟，但对内在自我的反省能力却有待发展。在宿舍人际交往中，往往会觉得别人不关心自己或不尊重自己，却很少反省自己，认真分析一下自己个性中还有哪些不够完善的方面。如能调整好这种认知的偏差，对处理好同宿舍同学的关系就有了思想基础。

第二，正确对待误解。在与他人的交往中，免不了产生误解，甚至受到委屈或某种不公正的待遇。在这种情况下，不能因一时的冲动鲁莽行事，这于人于己都很不利，而且也不易澄清事实。凡事都要学会“冷”处理，不能完全意气用事，学会双向沟通。

第三，对宿舍的环境要以一种积极的态度去适应。当你和别人生活在一起时，你就要承认每个人的生活习惯和价值观念不同，也要接受每个人的生活方式，更要学会和不同个性的人相处。在集体生活中要彼此关心照顾，不要为了自己的自由影响别人的学习和休息，要处处关心别人，与人为善。

第四，处理舍友之间的关系要讲究方法与技巧。如果别人的生活方式有碍于你的生活，或同宿舍人爱"卧谈"，直接提意见制止他们难以奏效，就应委婉地提出意见。要讲究方式方法，既不能过分求全，处处忍让，也不要过分维护自己，要培养自己的利他意识，这将有利于室友之间的相处。

因此，人生需要友情、交往、自我的形象推销与展示。无论从事任何工作，都必须学会处理各种人际关系。

拓展阅读

寝室和谐策略

(1)无论喜欢或不喜欢的同学，见面都要打招呼，要面带笑容，要真诚；

(2)节日时，好友之间互相问候，可发消息、打电话；

(3)不要把个人的情绪发泄到舍友身上；

(4)有些舍友是不适合成为朋友的，和这些同学保持一定的距离，才是最美的；

(5)不要因跟某一个同学特别亲近而疏远了他人；

(6)如有需要，主动请求帮助，求助可以增进信赖与情感；

(7)对同学的隐私不要表现得特别好奇，不要打听；

(8)开玩笑要有度，不要拿别人的缺点或忌讳的东西开玩笑；

(9)疑心不要太重，防人之心不要太强；

(10)懒惰人人厌恶，主动参与清洁卫生，但不变成自己的责任。

【心理测评】

人际关系综合诊断量表

指导语：本量表共28个问题，每个问题做"是"(打√)或"否"(打×)回答，请你认真完成。

1.关于自己的烦恼有口难言。(　)

2.和陌生人见面时感觉不自然。(　)

3.过分地羡慕和妒忌别人。(　)

4.与异性同学交往太少。( )
5.对连续不断的会谈感到困难。( )
6.在社交场合感到紧张。( )
7.时常伤害别人。( )
8.与异性同学来往感觉不自然。( )
9.与一大群朋友在一起时,常感到孤寂或失落。( )
10.极易受窘。( )
11.与别人不能和睦相处。( )
12.不知道与异性同学相处如何适可而止。( )
13.当不熟悉的人对自己倾诉其生平遭遇以求同情时,常感到不自在。( )
14.担心别人对自己有坏印象。( )
15.总是尽力使别人赏识自己。( )
16.暗自思慕异性同学。( )
17.时常避免表达自己的感受。( )
18.对自己的仪表(容貌)缺乏信心。( )
19.讨厌某人或被某人所讨厌。( )
20.瞧不起异性同学。( )
21.不能专注地倾听。( )
22.自己的烦恼无人可申诉。( )
23.受别人排斥与冷漠。( )
24.被异性同学瞧不起。( )
25.不能广泛地听取各种意见、看法。( )
26.自己常因受伤害而暗自伤心。( )
27.常被别人谈论、愚弄。( )
28.与异性同学交往不知如何更好地相处。( )

记分表

Ⅰ	题目	1	5	9	13	17	21	25	小计
	分数								
Ⅱ	题目	2	6	10	14	18	22	26	小计
	分数								
Ⅲ	题目	3	7	11	15	19	23	27	小计
	分数								
Ⅳ	题目	4	8	12	16	20	24	28	小计
	分数								
评分	标准	打“√”的计1分，打“×”的计0分，总分							

测查结果的解释与辅导

如果你得的总分是0～8分，那么说明你在与朋友相处上的困扰较少。你善于交谈，性格比较开朗，会主动关心别人，你对周围的朋友都比较好，愿意和他们在一起，他们也都喜欢你，你们相处得不错；而且，你能够从与朋友相处中得到乐趣。你的生活是比较充实而且丰富多彩的，你与异性朋友也相处得比较好。总之，你不存在或较少存在交友方面的困扰，你善于与朋友相处，人缘很好，获得许多的好感与赞同。

如果你得的总分是9～14分，那么，你与朋友相处存在一定程度的困扰。你的人缘很一般，换句话说，你和朋友的关系并不牢固，时好时坏，经常处在一种起伏波动之中。

如果你得的总分是15～28分，那就表明你在与朋友相处上的行为困扰较严重；分数超过20分，则表明你的人际关系困扰程度很严重，而且在心理上出现较为明显的障碍。你可能不善于交谈，也可能是一个性格孤僻的人，不开朗，或者有明显的自高自大、讨人嫌的行为。

以上是从总体上评述你的人际关系。下面将根据你在每一横栏上的小计分数，具体指出你与朋友相处的困扰行为及其可资参考的纠正方法。

(1)记分表中Ⅰ横栏上的小计分数表明你在交谈方面的行为困扰程度。题号：1、5、9、13、17、21、25。

如果你的得分在6分以上，说明你不善于交谈，只有在极需要的情况下你才同别人交谈，你总难于表达自己的感受，无论是愉快还是烦恼；你不是个很好的倾诉者，往往无法专心听别人说话或只对单独的话题感兴趣。

如果你的得分在3～5分，说明你的交谈能力一般，你会诉说自己的感受，但不能讲得条理清晰；你努力使自己成为一个好的倾听者，但还是做得不够好。如果你与对方不太熟悉，开始时你往往表现得拘谨与沉默，不大愿意跟对方交谈。但这种局面在你面前一般不会持续很久。经过一段时间的接触与锻炼，你可能会主动与同学搭话，此时，表明你的交谈能力已经大为改观，在这方面的困扰也会逐渐消除。

如果你的得分在0～2分，说明你有较强的交谈能力，善于利用恰当的谈话方式来交流思想感情，因此在与别人建立友情方面，你往往更得心应手。这些优势不仅为你的学习与生活创造了良好的心境，而且有助于你成为伙伴中的领袖人物。

(2)记分表中Ⅱ横栏上的小计分数表示你在交际方面的困扰程度。题号：2、6、10、14、18、22、26。

如果你的得分在6分以上，则表明你在社交活动与交游方面存在着较大的行为困扰。比如，在正常集体活动与社交场合，你比大多数伙伴更为拘谨；在有陌生人的场合，你往往会更加紧张；你经常过多地考虑自己的形象而使自己处于越被动的境地。总之，交际与交友方面的严重困扰，使你陷入“感情危机”和孤独困窘的状态。

如果你的得分在3～5分，则表明你在被动地寻找被人喜欢的突破口。你不喜欢独自一个人待着，你需要与朋友在一起，但你又不太善于创造条件并积极主动地寻找知心朋友，而且你心有余悸，害怕主动行为后的“冷”体验。

如果你的得分低于3分，则表明你对人较为真诚和热情。总之，你的人际关系较和谐，在这些问题上，你不存在较明显持久的行为困扰。

(3)记分表中Ⅲ横栏的小计分数表示你在待人接物方面的困扰程度。题号:3、7、11、15、19、23、27。

如果你的得分在6分以上，则表明你缺乏待人接物的方法与技巧。在实际的人际关系中，你也许会有意无意地伤害到别人，或者你过分地羡慕别人以致在内心妒忌别人。因此，其他一些同学可能会回报你的冷漠、排斥，甚至是愚弄。

如果你的得分在3～5分，则表明你是个多面的人。对待不同的人，你有不同的态度，而不同的人对你也有不同的评价。你讨厌某人或被某人所讨厌，但你却极喜欢另一个人或被另一个人所喜欢。你的朋友关系某方面是和谐的、良好的，而某些方面却是紧张的、恶劣的。因此，你的情绪很不稳定，内心极不平衡，常常处于矛盾状态中。

如果你的得分在0～2分，表明你较尊重别人，敢于承担责任，对环境的适应性强。你常常以你的真诚、宽容、责任心强等优点获得众多好感与赞同。

(4)记分表中Ⅳ横栏的小计分数表示你跟异性同学交往的困扰程度。题号:4、8、12、16、20、24、28。

如果你的得分在5分以上,说明你在与异性同学交往的过程中存在较为严重的困扰,过分思慕异性或对异性持有偏见。这两种态度都有片面之处。

如果你的得分是3～4分,表明你与异性同学交往的行为困扰程度一般,有时可能会觉得与异性同学交往是一件愉快的事,有时又会认为这种交往似乎是一种负担,你不懂得如何与异性同学交往最适宜。

如果你的得分是0～2分,表明你懂得如何正确处理异性朋友之间的关系。对异性同学持公正的态度,能大大方方、自自然然地与其交往,并且在与异性交往中,得到了许多从同性朋友那里不能得到的东西,增加了对异性的了解,也丰富了自己的个性。你是一个受欢迎的人,无论是同性朋友还是异性朋友,多数人都喜欢你和赞赏你。

第四章

学习心理

一、学习理论

学习是指由个体经验的获得所引起的行为或行为潜能的相对持久的变化过程。这种变化不是由先天倾向、疲劳、药物反应等因素带来的，而是要维持一个相对持久的时间。学习总是意味着个体身上发生的某种变化。

学习理论是指有关学习的实质、学习的过程、学习的规律及制约学习的各种条件的理论探讨和解释。心理学家在探讨学习理论的过程中，由于各自的哲学基础、理论背景、研究手段不同，形成了不同的理论观点和学派，主要包括行为派学习理论、认知派学习理论和人本主义派学习理论。下面主要介绍行为派学习理论。

行为派学习理论强调可观察的学习行为，认为学习行为的多次的愉快或痛苦的后果会改变个体的行为。巴甫洛夫经典条件反射学习观、华生行为主义学习观、桑代克联结主义学习观、斯金纳操作条件反射学习观及班杜拉社会学习理论都是行为派学习理论的代表学说。

（一）巴甫洛夫经典条件反射学习观

俄国生理学家伊万·彼德罗维奇·巴甫洛夫是经典条件反射学习观的创立者。巴甫洛夫在研究狗的消化生理现象时，把食物呈现在狗面前，并测量唾液分泌。通常狗吃食物时才会分泌唾液，然而，巴甫洛夫偶然发现狗尚未吃到食物，只是听到送食物的饲养员的脚步声，便开始分泌唾液。巴甫洛夫没有放过这一现象。他开始做实验：先给狗听一个铃声，狗没有反应，然而在给狗铃声之后紧接着呈现食物，并经反复多次结合后，单独听铃声而没有食物，狗也“学会”了分泌唾液。铃声与无条件刺激（食物）的多次结合从一个中性刺激变成了一个条件性刺激，引起了分泌唾液的条件性反应，巴甫洛夫将这一现象称为条件反射，即经典条件反射。巴甫洛夫认为条件反射的生理机制是暂时神经联系的形成，同时他也认为学习就是暂时神经联系的形成。

经典条件反射学说认为，学习是条件反射作用。学习是大脑皮层暂时神经联系的形成、巩固与恢复的过程。巴甫洛夫认为：“所有的学习都是联系的形成，而联系的形成就是思想、思维、知识。”

有这样一则故事：有一对父子住在山上，他们每天都要赶牛车下山卖柴。父亲较有经验，坐镇驾车，儿子眼神较好，总是在要转弯时提醒道：“爹，转弯啦！”

有一次，父亲因病没有下山，儿子一人驾车。到了弯道，牛怎么也不肯转弯，儿子用尽各种方法，下车又推又拉，用青草诱之，牛一动不动。

到底是怎么回事？儿子百思不得其解。最后只有一个办法了，他左右看看无人，贴近牛的耳朵大声叫道："爹，转弯啦！"

牛应声而动。

巴甫洛夫的经典条件反射学说的影响是巨大的。在俄国，以巴甫洛夫的经典条件反射学说为基础的理论曾在相当长的时间内在心理学界占统治地位。在美国，行为派的心理学家华生、斯金纳等都受到巴甫洛夫的经典条件反射学说的影响。

(二)华生行为主义学习观

华生于 1913 年首次提出行为主义心理学，他也因此成为美国行为主义的创始人。

华生是第一位将巴甫洛夫的经典条件反射学说作为学习理论基础的美国心理学家。他主张一切行为都以经典条件反射学说为基础。他认为学习就是以一种刺激代替另一种刺激建立条件反射的过程，除了出生时具有的集中条件反射(如打喷嚏、膝跳反射)外，人类所有的行为都是通过条件反射建立新的刺激-反应联结(S-R 联结)而形成的。

华生运用条件反射的原理，做了一个婴儿恐惧形成的实验。实验的对象是原来对兔子无任何恐惧的婴儿。在实验中，当兔子在婴儿面前出现时，同时呈现一种可怕的声音，经多次重复后，婴儿见到兔子就会感到害怕，甚至会泛化到对任何有毛的东西感到恐惧。

(三)桑代克联结主义学习观

桑代克是动物心理学研究的先驱，他从 1896 年开始，在哈佛大学用鸡、猫、狗、鱼等动物为实验研究的对象，系统地研究动物的学习行为，从而提出了学习心理学中最早也最为完整的学习理论。

1. 猫的学习实验

1898 年，桑代克做了关于猫的学习实验。他把一只饿猫关入迷笼(问题箱)中，笼外放有鱼和肉。笼中有一踏板用绳子和门钮连在一起，只要踏下踏板，笼门可打开。猫在笼中用爪够不到食物，于是乱咬、乱蹦。后来偶然碰到踏板，笼门打开，取到食物。然后又将猫放回笼中，猫仍然需要经过乱咬、乱跳等过程才能逃到笼外，但随着实验次数的增加，猫的无效动作逐渐摒除，打开笼门所需的时间逐渐减少。最后，猫一入笼内，就能打开笼门而取得食物。由此桑代克提出他的学习理论。

2. 学习理论的基本观点

(1)学习的联结说。桑代克认为，学习的实质在于形成情境与反应之间的联结。所谓联结，是刺激-反应之间的联结，是指某一刺激(情境)只能引起某种反应，而不能引起其他反应的趋向。

情境(以 S 代表)有时也叫刺激，包括外界情境和思想、情感等大脑内部情境。反应(以 R 代表)包括“肌肉与腺体的活动”和“观念、意志、情感或态度”等内部反应。所谓联结，就是结合、关系、倾向，指的是某种情境只能唤起某种反应，而不能唤起其他反应的倾向。用“→”作为引起或导致的符号。联结的公式为：S→R。

情境与反应之间是因果关系。它们之间是直接的联系，不需要任何中介。桑代克认为联结，即本来(本能)的结合，是先天决定的原本趋向。他把联结的观点搬运到人类的学习上，认为人类所有的思想、行为和活动，都能分解为基本的单位刺激和反应的联结。人与动物学习的区别在于“动物的学习过程纯属盲目”“无须观念为媒介”，而人的学习是以观念为媒介，是有意识的。但二者的本质区别仅在于简单与复杂、联结数量的多少，动物学习的规律依然适合于人类的学习。

(2)学习过程的试误说。桑代克认为联结是通过尝试与错误的过程而建立的。学习的进程是一种渐进的、盲目的、尝试与错误的过程。在此过程中，随着错误反应的逐渐减少和正确反应的逐渐增加，而终于在刺激与反应之间形成牢固的联结。桑代克用不同的动物进行实验，结果相当一致，由此，他认为联结的形成是遵循着一定规律的。

(3)桑代克提出了学习的主律和副律。桑代克提出三个学习的主律即准备律、练习律和效果律。

准备律是指当学习者有准备而给以活动就感到满意，有准备而不活动则感到烦恼，学习者无准备而强制以活动也会感到烦恼。比如，在进入某种学习活动之前，如果学习者做好了与相应的学习活动相关的预备性反应(包括生理的和心理的)，学习者就能比较自如地掌握学习的内容。

练习律是指一个已形成的可以改变的联结的应用会增强这个联结的力量，而联结的失用(不练习)则会使联结减弱。比如，对教师而言，重视练习中必要的重复是很有必要的，并且要重视练习中的反馈。

效果律是指情境与反应之间的联结因伴随着满意的结果而增强，因伴随着烦恼的结果而减弱。效果律是最重要的学习定律。

1930年以后，桑代克对练习律和效果律做了修改，他认为练习并不能无条件地增强情境与反应之间的联结的力量，而只有伴随着满意感时，练习才有作用。对于效果律，他认为烦恼对联结并无直接的削弱，只承认满意能增强联结。

桑代克提出的副律包括：①选择反应律；②多重反应律；③定势律；④类化反应律；⑤联想转移律。

（四）斯金纳的操作条件反射学习观

斯金纳是行为主义的代表人物之一，是操作性条件反射的创始人，是美国心理学家。

1. 斯金纳的学习实验研究

斯金纳在特制的实验箱（斯金纳箱）内研究了白鼠的学习。箱内装有一个杠杆，杠杆与传递事物的机械装置相连，只要杠杆一被压动，一颗食丸便滚进食盘。白鼠被放进箱内，可自由活动，当它踏上杠杆时，就会有食丸滚出，于是它就吃到食物。它一旦再按压杠杆，食丸有滚出，反复几次，白鼠就学会了按压杠杆来取得食物。斯金纳将这种条件反射叫作操作性条件反射。

2. 斯金纳学习理论的基本观点

（1）把一切行为分为应答性和操作性两种。斯金纳认为条件反射有两种，即巴甫洛夫的经典性条件反射和操作性条件反射。巴甫洛夫的经典条件反射是应答性（或刺激性）条件反射过程，是先由已知刺激物引起的反应，是强化物和刺激物相结合的过程，强化是为了加强刺激物的。斯金纳的操作性条件反射是反应型条件反射的过程，没有已知的刺激，是有机体本身自发出现的反应，是强化物和反应相结合的过程，强化是为了增强反应的。

斯金纳认为一切行为都是由反射构成的，反射有两种，行为也必然有两种，即应答性行为和操作性行为。因此，学习也分为两种，即反射学习和操作学习。在应答性行为中，个体只是对刺激情境的驱动而做出被动反应，且导致这种反应的刺激并不是任何条件下都有效。操作性行为可以通过外部强化和自我强化的机制控制自身的反应，具有主动性，这不同于应答性行为，刺激出现才有一个特殊的反应。动物和人绝大部分行为都是操作性行为，它是有可变的、适应环境的特性，是发展的行为。直觉、注意、言语和思维等都是操作性行为。

斯金纳更重视操作学习，他认为操作行为更能代表人在实际中的学习情况，认为人的学习几乎都是操作学习。因此，行为科学最有效的研究途径是研究操作行为的形成及其规律。

(2)操作性行为形成的重要手段是强化。斯金纳认为，强化是操作性行为形成的重要手段。强化在斯金纳的学习理论中占有极其重要的地位，是他学习理论的基石和核心，有人称他的学习理论为强化理论或强化说。

操作学习的基本规律是：如果一个操作发生后，接着呈现一个强化刺激，则这个操作的强度(反应发生的概率)就增加。认为学习和行为的变化是强化的结果，控制强化就能控制行为。强化是塑造行为和保持行为强度的关键。塑造行为的过程就是学习过程。教育就是塑造行为。只要安排好强化程序，就可以随意地塑造人和动物的行为。

(3)逃避条件作用和回避条件作用。逃避条件作用指当厌恶刺激或不愉快的情境出现时，有机体做出某种反应，从而逃避了厌恶刺激或不愉快情境，则该反应在以后的类似情景中发生的概率便增加。这类条件作用称为"逃避条件作用"。例如，在自习室学习时，有同学大声喧哗，小明感到很愤怒，认为这影响了自己的学习，因此，拿起书包换到另一间自习室。

回避条件作用指当预示厌恶刺激或不愉快情境即将出现的信号呈现时，有机体自发的作出某种反应，从而避免了厌恶刺激或不愉快情境的出现，则该反应在以后的类似情景中发生的概率也会增加，这类条件作用称为回避条件作用。例如，通过与朋友的长期相处，小明发现只要对方开始有皱眉、叹气的举动，可能接下来就会有不好的事情发生，因此，一到这个时候，小明便主动转移话题或活动场地或选择离开，以避免不必要的争执。

(4)消退。消退是指有机体做出以前曾被强化过的反应，如果在这一反应之后不再有强化物相伴，那么，此类反应在将来发生的概率便降低。

在操作条件作用下，正强化、逃避和回避条件作用都是为达到塑造行为的目的，即增加某种反应发生的概率，而消退是一种无强化的过程，其作用在于降低某种反应在将来发生的概率，以达到消除某种行为的目的。因此，消退往往是减少不良行为、消除坏习惯的有效方法。

拓展阅读

一位老人在一个小乡村里休养，但附近却住着一些十分顽皮的孩子，他们天天互相追逐打闹，喧哗的吵闹声使老人无法好好休息。在屡禁不止的情况下，老人想出了一个办法，他把孩子们都叫到一起，告诉他们谁叫的声音越大，谁得到的报酬就越多，他每次都根据孩子们吵闹的情况给予不同的奖励。到孩子们已经习惯了获取奖励的时候，老人开始逐渐减少所给的奖励，最后无论孩子们怎么吵，老人一分钱也不给。结果，孩子们认为受到的待遇越来越不公正，认为“不给钱了谁还给你叫”，再也不到老人所住的房子附近大声吵闹了。聪明的老人正是运用了心理学上的“过度理由效应”，为自己赢来了一段清幽的闲暇时光。他用外在的理由（报酬）来激励孩子们的行为（吵闹）。一旦这个理由消失（没有奖励），孩子们的吵闹行为也就自然终止了。

事例中的老人就是巧妙地利用了“消退”的原理，将奖励与某件事情联系在一起，使孩子的兴趣在一定程度上转移到对奖励的追求上来，通过逐步减少奖励，达到控制学生不良行为的目的。

(5)惩罚。惩罚是指当有机体自发做出某种反应后，随机呈现一个厌恶刺激（或不愉快情境），以期消除或抑制此类反应的过程。惩罚与负强化不同，负强化是通过厌恶性刺激的呈现来降低反应发生的概率；而惩罚是通过呈现一个厌恶刺激（“积极惩罚”）或消除一个愉快的刺激（“负惩罚”）而使行为减少。

(五)班杜拉的社会学习理论

班杜拉的社会学习理论是美国新行为主义的一个派别，创立于 1977 年。班杜拉认为儿童的社会性行为是通过对他们生活中他人行为的观察而获得的。观察学习是社会学习的一种最重要的形式。所谓观察学习是指通过观察他人的行为及其后果而发生的替代性学习。观察学习可分为四个阶段进行，即注意过程、保持过程、复制过程和动机过程。

二、大学生学习的特点

(一)学习的专业性

不仅体现在大学的学科体系、课程结构、教学内容、教学实践等方面，而且还体现在培养大学生的知识结构、智能结构和心理品质中。

(二)学习的自主性

高校的学习与中学学习比较起来，学习内容更加丰富和宽广，具有相当的难度和深度，要求大学生的学习必须具有自主性，要摆脱在中学期间形成的依赖教师、家长督促式的、被动的、“填鸭式”的学习，学会积极主动的学习，要独立思考、刻苦钻研，根据学习任务的要求和自身的特点，选择适合自己的学习方法，才能取得良好的效果。

（三）学习的探索性

高校教学的重要任务之一就是把科学研究的最新成果引入教学内容中，并组织引导大学生直接或间接参与其研究，培养学生的探索精神和创新能力。大学生的思维发展水平已具有对客观事物的批判意识，正处于求学、质疑、发现的时期，对奇特的新现象具有强烈的求知欲，这些为大学生学习的探索性和创造性都提供了条件。

（四）学习的实践性

大学生除了掌握书本知识，完成课堂教学任务外，更要参加社会实践活动，在社会实践中检验知识、应用知识、深化知识。大学生的社会实践活动主要包括专业实习、社会调查、社会咨询服务、短期务工等形式。

三、大学生学习常见困扰及对策

（一）考试焦虑

考试焦虑是考试时常见的一种心理现象。如果面临极其重要的考试，而心里又不是十分有把握，那往往会产生强烈的不安和担忧。常常表现为心理上的忧虑、紧张、恐惧、坐立不安、慌乱，面对繁杂的学习内容不知所措，不能集中注意力、情绪抑郁、缺乏自信心等，生理上表现为肌肉紧张，头昏、头痛、食欲不振、睡眠不良等。

可采取的调节措施：①对考试应有正确的认识。考试只是衡量学习效果的手段之一，考试成绩不能全面反映一个人的学习能力和知识水平，更不能决定一个人的前途和命运。②认真制订学习计划，确定合适的目标。平时要勤奋学习，及时掌握所学知识。考试前认真总结复习相关知识，熟悉各学科的考试要求，做到“心中有数”。另外，对考试成绩的期望要从自己的实际情况出发，不能过高，否则会给自己造成心理压力，容易出现过度考试焦虑。③注意身体健康及营养。要注意劳逸结合，保证充足的睡眠，并且餐食要加强营养以为自身提供足够的能量和热量。这样就可以保证自己在考试中有充沛的精力、清醒的头脑、健康的身体和良好的情绪状态。④学会积极自我暗示与放松。“我可以,不要着急,慢慢答题”,适当地做几次深呼吸放松,待情绪平稳后,再继续答题。⑤寻求心理咨询师帮助。考前若感到自己难以克服考试焦虑现象,应主动向专业机构或专业人员寻求心理咨询帮助。心理咨询机构或人员会通过放松训练、自信训练和系统脱敏等方法来帮助学生摆脱考试焦虑。

【案例】

小张,外语类专业大一学生,父母对他要求严格,期望很高。他从小成绩优秀,是班里的佼佼者,自信心较强。进入大学后,尽管小张刻苦学习,但是大一上学期期末考试成绩已经排名班级第 10 名,这和他的预期相差甚远。他整个寒假都非常失落和自卑,也不敢和父母提及学习成绩。在大一下学期,小张一刻也不放松,给自己制定了严密的学习计划,每天努力学习,但是,一想到期末考试,他又不能集中精力学习,时常胸闷、吃不好、睡不好,担心考不好,担心父母会责备自己,烦躁不安,责备自己什么事情都做不好,未来毫无前途。

案例分析:

“不能集中注意力,时常胸闷、吃不好、睡不好”,是很明显的考试焦虑状态。小张出现考试焦虑的原因:①存在不合理认知:我必须做得非常棒,如果我没考好,我就一无是处。个体对考试性质的认识程度,对考试利害关系的预测程度及对自身应付能力的估计程度直接影响其焦虑水平。小张把大一上学期期末考试成绩与自己的终身前途联系在一起,认为失败一次就等于终身失败。②自信心受挫,自信心是个体对行为结果的把握程度,成绩排名靠后深深地打击了小张的信心,导致他对接下来的考试没有把握,心理忐忑不安。③目标高于自身实际情况,还未适应大学的学习方式,未找到适合自己的学习方法。④来自家庭的影响,父母严格要求和高期望增加了小张的心理负担。

为了顺利地通过考试,以积极、正确的心态准备迎接考试,小张可以通过以下几方面来调节自己的考试心理:①端正对考试的认识。考试只是衡量学习好坏的手段之一,考试成绩并不能反映一个人的学习能力和知识水平,更不能决定个人的前途和命运,不必把考试成绩看得太重。②全面认识自己,评估自己的学习情况,实事求是,制定适当的目标,既不妄自菲薄,也不好高骛远。③探索适合自己的大学学习方法,认真学习,做好复习,考前做好全面的复习,做到心中有数。④提高自我效能感,学会从学习、生活中的小事中树立自信心。⑤劳逸结合,利用休息的时间,听音乐、看视频或者锻炼来放松自己。⑥寻求心理咨询。如果小张感到自己难以克服过度的考试焦虑,可以寻求他人或者心理咨询师的帮助,在咨询师的帮助下,通过放松训练自信训练等加以矫治。

【心理测评】

考试焦虑测验(TAI)

下面的每一个句子是说你可能有的或曾出现过的一般感受与体验。请认真阅读每一个句子。这里的答案无正确、错误之分,回答每一个问题时不必用太多时间去思考,但回答必须是最符合你通常感受的情况。每一个问题都要回答。

四项选择答案为:①从不;②有时;③经常;④总是。

1. 在进行考试时,我有信心,并且感到轻松。( )
2. 在考试时,我感到心烦意乱。( )
3. 考试时,老想到考试的分数,妨碍了我答题。( )
4. 遇到重要的考试时,我会发呆、愣住。( )
5. 考试时,我发觉自己老想着我能否学成毕业。( )
6. 我越尽力想如何答题,越是慌乱。( )
7. 怕考得不好的顾虑,使我不能把注意力集中于考试。( )
8. 当参加重要的考试时,我感到异常心神不定。( )
9. 即使对考试有了充分准备,我还是感到非常紧张。( )
10. 在临交考卷之前,我开始感到极为不安。( )
11. 在考试中,我感到非常紧张。( )
12. 我希望考试不要如此严重地烦扰我。( )
13. 在重要的考试中我紧张得连胃也不舒适了。( )
14. 当进行重要的考试时,我似乎被自己击倒了。( )
15. 当我参加重要的考试时,感到非常恐慌。( )
16. 在参加重要的考试之前,我非常担忧。( )
17. 在考试中,我发觉自己总想着失败的结果。( )
18. 在重要的考试中,我感到自己的心跳得特别快。( )
19. 在考试之后,我试图不再担忧它,但我做不到。( )
20. 在考试中,我是那样紧张,甚至把知道的内容也忘记了。( )

评分标准:

学生选择四项答案中的一项来报告他们在考试中的焦虑特定征兆的程度。

对第 2～20 题则根据测验表的每一题右边所印的符号数打分,即 1～4。"从不"表示考试焦虑低,打分为"1";其余依次为"2,3,4"。但对第 1 题"在进行考试时,我有信心,并且感到轻松"。"从不"表示高焦虑,"总是"表示低焦虑,因此,这一题的打分与测验量表上的符号数①②③④正好相反,依次打分为 4,3,

2,1。

用20道题的得分之和来确定考试焦虑量表的总分(T)。因为每一题的反应是1～4分,所以焦虑测验表总分的最低分为20分,最高分为80分。通过多次运用建立的常模显示,如果一个人的得分低于35分,则其考试焦虑偏低,如果其得分高于50分,则其考试焦虑偏高。

(二)学习动机缺乏

学习动机是指引发与维持学生的学习行为,并使之指向一定学业目标的一种动力倾向。学习动机作为推动我们学习的力量,在学习活动中起着重要的作用。学习动机缺乏的主要表现有①厌倦学习,逃避学习;②成就欲望低,无抱负理想;③学习动机功利化;④无明确学习目标。主要原因是缺乏大学规划与生涯规划。

可采取的调节措施:①明确学习目标。设置合适的学习目标,长远目标、子目标,在不断实现子目标的过程中增强学习的自信心。②培养学习兴趣。多读与专业有关的书籍、报纸、杂志,把握学术动态;多听学术报告会,了解学术动态和本学科当前最新研究成果;多看一些学术成就展览,以激励兴趣;多动手参加实验活动,亲自动手操作,在操作中将理论联系实际,并增长技能;积极参加学校各种科技文化活动,包括各种小发明、小创造活动,有条件的还可参与教师的科研项目,锻炼科研能力。③进行正确归因。归因理论是关于个人阐释他人或自己行为原因的社会认知理论。当我们把一件事情的成功归因于自己非常努力、把失败归因于自己努力不够,而不是把成功归因于自己很聪明或者运气很好,也不是把失败归因于自己不够聪明以及运气差,这样归因可以让大学生认识到学习的成败是掌握在自己手中的,学习的好坏取决于自己努力的程度。④增强自我效能感。自我效能感是指一个人感到自己能够胜任和有效的感觉,是个体对自己是否有能力完成某一行为所进行的推测与判断。班杜拉对自我效能感的定义是指“人们对自身能否利用所拥有的技能去完成某项工作行为的自信程度”。学习者的自我效能感是指学习者对自己能够成功完成某一任务能力的主观判断,这种主观判断是随着学习者在学习中获得成功概率的增长而增长的。

(三)专业不满意

专业不满意一般出现在高考录取时第一志愿没有成功,而被调剂到其他专业,或者学习一段时间后发现不喜欢所学专业,这给他们带来了许多矛盾和困惑。

可采取的调节措施：①尝试改变态度。结合兴趣与能力的关系，帮学生分析专业与职业的关系，分析所学专业和感兴趣专业的发展前景。引导学生认识，当我们不能改变客观环境时，应尝试改变自己的心态，用全新的心态面对周围的一切。②培养新兴趣，在实践探索中不断发掘自身潜能，培养适合自身的兴趣。③在获取专业知识技能的同时，锻炼可迁移技能。可迁移技能可以在工作内外、工作之间通用，也是用人单位最看重的部分，如口语表达能力、组织协调能力、团队协作能力等，可通过参与实践、观察学习、实习培训、社团活动等获得。

（四）学习方法不恰当

进入大学后，学习课程数量增多，知识结构也更为丰富和完善，学习的目的更侧重于专业知识培养和综合素质培养，而不再只是死记硬背或者题海战术。同时，大学阶段每堂课的信息量和难度都很大，主要以提纲式教学为主，只讲授重点难点内容、有争议的问题和学科发展的趋势。如果延用高中的学习方法，有时尽管学习时间长，但学习效率低下，无法取得预期效果，自信心受到打击。

可采取的调节措施：①需要及时调整对于大学学习的认识，改进和探索出新的适合自己的学习方法，尽快适应大学的学习。②掌握了解艾宾浩斯曲线遗忘规律，寻找适合自己的记忆规律，在遗忘关键期复习。③适应大学的学习节奏，制定科学的学习计划。④了解专业培养方案，合理规划学习时间。

第五章

职业生涯规划

一、与职业生涯相关的概念

(一)职业

职业是指人们为了谋生和发展而从事的相对稳定的、有收入的、专门类别的社会劳动。这种社会劳动是对人们的生活方式、经济状况、文化水平、行为模式、道德情操等方面的综合反映,也是一个人的权利、义务及职责的具体体现,是人的社会地位的一般性表征。

(二)生涯

生涯是指确定并阐述了个体所涉及的各种角色、所处的各种环境及在他们生活中所经历的各种有计划或者非计划的事件。

(三)职业生涯

职业生涯是指一个人一生中所有与职业相联系的行为与活动,以及相关的态度、价值观、愿望等连续性经历的过程,也是一个人一生中职业和职位的变迁,以及工作与理想的实现过程。这是一个动态的过程。

职业生涯是社会与个人、整体与个体的联结点。从心理层面上来说,在职业生涯中,人们的自我意识伴随着职业角色的变化而发展,在社会前进、职业组织发展的前提下,个人的需要得到了满足,个人的潜能得到了发挥。可见,职业生涯是人们求得自我实现的主要途径之一。职业生涯规划是指一个人主动地、自觉地对其一生中所承担职务及其发展历程的预期和计划。

(四)职业生涯规划

职业生涯规划又叫职业生涯设计,是个人对所从事的职业进行自我计划和管理的过程。具体来说,职业生涯规划是指个人根据主体优势、能力水平、兴趣爱好和职业倾向等,结合时代特点、制约因素和机遇条件,为自己确立最佳的职业奋斗目标,并根据目标有效选择职业道路,确定教育、培训和发展计划,确定行动方向、行动时间和行动顺序的过程。

二、舒伯的生涯发展理论

舒伯提出了一个诠释职业发展的生涯发展理论。他认为，每个人在能力、兴趣上均有差异，在个性特质上各有所适。个人的职业喜好、能力、工作环境和自我观念都会随着时间与经验而改变，因此职业的选择和适应会成为一种持续不断的过程。舒伯的生涯发展理论由生涯发展阶段和生涯彩虹图组成。

(一)生涯发展阶段

舒伯认为，可依据年龄将个体的人生阶段与其职业发展相匹配，将生涯发展阶段划分为成长、探索、建立、维持与衰退五个阶段(见表 5－1)。

表 5－1　舒伯生涯发展阶段

发展阶段	特点		主要任务
成长阶段(4～14 岁)	经过家庭、学校中重要人物的认同后，个体开始发展自我概念；需要与幻想成为此阶段最主要的特质。随着年龄的增长，社会参与度逐渐增加，个体的兴趣与能力愈发重要	①幻想期(4～10 岁)，个体发展以需要的满足为主，幻想中的角色扮演甚为重要；②兴趣期(11～12 岁)，兴趣是个体抱负与参加社会活动的主要决定因素；③能力期(13～14 岁)，此时能力的重要性日益显现	发展自我概念，培养正确的价值观念，并初步了解工作的意义
探索阶段(15～24 岁)	在探索阶段，个体在学校、课外活动及各种体验中，进行自我检讨、角色探索及职业探索	①感受期(15～17 岁)，此时的个体常考虑需要、兴趣、能力及机会，做出暂时的决定，并在课程及实习中加以尝试；②过渡期(18～21 岁)，此时个体会进入就业市场或进行专业训练，更重视现实的考虑，并试图展现自我；③尝试期(22～24 岁)，此时，职业生涯的方向被暂时确定，个体会探究其作为长期职业发展方向的可能性，若不适应则可重新确定职业发展方向	职业偏好逐渐具体化；职业偏好特殊化；实现职业偏好

续表

发展阶段	特点		主要任务
建立阶段（25～44 岁）	个体会逐步确立稳固的职业发展方向；职位、工作可能会改变，但职业不会改变	①试验-承诺稳定期（25～30 岁），此时个体可能因生活或工作上的多次变动而对职业发展不满意；②完全建立期（31～44 岁），此时个体致力于保持工作上的稳固状态，大部分人处于最具创意的时期，表现优良	调整、保持稳定并力求上进
维持阶段（45～64 岁）	个体逐渐取得一定社会地位，重点在于如何维持现有工作状态，工作中很少有新意；此外，个体还要面对新进人员的挑战		保持既有的成就与社会地位
衰退阶段（65 岁及以上）	个体身心健康水平衰退，原来的工作已经停止，个体需要发展新的角色，寻求不同方式以满足自身需要		生活减速、退休

在上述舒伯的生涯发展阶段中，每一阶段都有一些特定的发展任务需要被完成，而且前一阶段发展任务的完成质量好坏关系到后一阶段的发展是否顺利。

舒伯认为，个体在生涯发展中，每个阶段都要面对成长、探索、建立、维持和衰退的问题。例如，大学一年级的新生，必须先适应新的角色与学习环境后，经过成长和探索，建立起较固定的适应模式，同时维持大学学习生活一段时间后，又要开始面对另一个阶段——走向职场。原有的已经适应的习惯会逐渐衰退，继而在新阶段又要经历成长、探索、建立、维持与衰退过程，如此周而复始。

（二）生涯彩虹图

舒伯用生涯彩虹图（如图 5-1 所示）描绘了一个更为广阔的新观念——具有生活广度、生活空间的生涯发展观。在这个观念里面，除了原有的发展阶段之外，舒伯加入了角色理论，将生涯发展阶段与角色间的交互影响描绘成一种多重角色的生涯发展。

在生涯彩虹图中，横向层面代表的是横贯个体一生的生活广度，彩虹的外层显示了人生主要的发展阶段和大致估算的年龄。舒伯特别强调，各个发展阶段年龄的划分有相当大的弹性，依据个体不同的情况而定。纵向层面代表

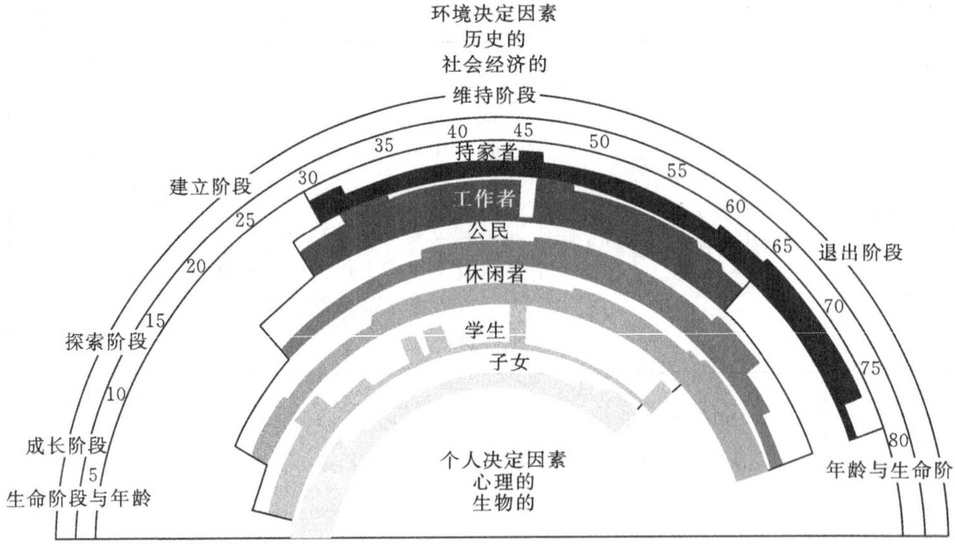

图 5－1 生涯彩虹图

的是纵贯上下的生活空间，是由一组角色所组成的。舒伯认为，人在一生当中需要扮演六种重要的角色，依次是子女、学生、休闲者、公民、工作者、持家者。不同角色的交互影响交织出了个人独特的生涯类型。

随着人的社会职务或职业生活的不断变化，角色也会随之变化，个体会从一个角色进入另一个角色，这个过程称为角色转换，这从根本上可以说是社会权利和义务的变化。大学生就业后的社会角色转换不是瞬间发生和完成的，而是要有一个过程。

生涯彩虹图中的阴影部分表示角色的互相替换、盛衰消长，它除了受到年龄和社会对个人发展任务期待的影响外，往往跟个人在不同角色上所花的时间和感情投入的程度有关，也跟“显著角色”有关。人在成长阶段的显著角色是子女；在探索阶段的显著角色是学生；在建立阶段的显著角色是持家者和工作者；在维持阶段，工作者的角色突然中断，其显著角色又恢复到学生，同时公民与休闲者的角色分量也在逐渐增加。显著角色可以使我们看出在人的一生中，工作、家庭、休闲、学习研究、社会活动对一个人的重要程度，以及在不同的发展阶段对个体所具有的特殊意义。

大学生正处于探索阶段和建立阶段的转换时期，其主要的发展任务就是通过探索，发现自己及社会的特点，包括通过工作或工作环境所提供的资料及信息，明确个人的需求、兴趣、人格、价值观、工作角色及能力，确立明确的职业生涯发展目标。大学生从大一开始，积极参加社会、学校、学院组织的各项实践活动，积极竞聘参加各种学生工作平台，利用寒暑假积极参加实习和社会调研，在实践中不断探索，了解自己的职业兴趣、职业性格、职业价值观和工作技能，为步入职场做好充足的准备。

三、大学生生涯规划的意义

（一）有助于认识自我，开发潜能

职业生涯规划可以协助大学生正确认识自身的个性特质、兴趣和能力倾向，使其对自身的优势与劣势进行理性的分析；了解自己的职业价值观，树立明确的职业发展目标与职业理想；将职业目标与自身实际相结合，做出恰当的职业定位；学会运用科学的方法、采取切实可行的步骤与措施，不断增强自己的职业能力，实现职业目标与理想。

（二）有助于理性选择就业，明确规划

大学生职业生涯规划的明确程度，直接影响其毕业选择，这与其毕业选择满意度之间有显著联系：职业生涯规划越明确，毕业选择的满意度越高；反之，职业生涯规划的明确程度越低，毕业选择的满意度越低。有明确的职业生涯规划，可以避免因多次失业或者调换工作带来的人力资源浪费。

（三）有助于做出有效决定，提升竞争力

通过职业生涯规划，大学生可以对自我和职业环境进行深入、具体的探索，并对各种信息进行综合与评估，在此基础上作出选择，并且逐步掌握各种技能、技巧，如在具体的求职过程中如何写简历、参与面试、评估和调整自己的选择等。这些具体充分的准备有助于其作出有效的决定，勇敢地迈出职业生涯发展的第一步。同时，职业生涯规划也会大大提升大学生的竞争能力，其中的每一个细节都影响着他们求职的成败。大学生要想使自己在激烈的竞争中脱颖而出，就必须作好职业生涯规划。

四、职业生涯规划的不同模式

(一)格林豪斯的职业生涯规划模式

格林豪斯特别强调职业决定是一个动态过程,并将其划分为八个步骤(见表5-2),他认为个人只要通过信息收集、认识自己和环境、设定目标、发展行动计划、执行完成行动计划、朝向目标达成、获得回馈和工作评估等阶段,就可以为自己制定职业生涯规划。

表5-2 格林豪斯职业生涯规划模式

阶段	步骤		任务
生涯计划	第一步	生涯线索	收集个人和环境的信息
	第二步	认识自我和环境	个人可以更深入且精确地认识自己的特质和环境的特性;个人对自我和环境的认识程度越高,越能够设立合乎实际的生涯目标和生涯规划策略
	第三步	生涯目标设立	
	第四步	生涯策略	根据前面的三个步骤,个人设立自己的生涯目标和生涯策略(策略指行动计划,该计划被用来指导个人如何来实践自己的生涯目标)
生涯评估	第五步	完成策略	
	第六步	导向目标的过程	指个人将自己的生涯策略付诸行动后,逐步达成生涯目标
	第七步	回馈(工作/或非工作)	通过这个环节,个人要追踪和评估其生涯目标的实现情况,对其进行修改或增强
	第八步	生涯评估	

这八个步骤可整合为两大阶段:第一阶段包括步骤一到步骤四,为"生涯计划"阶段;第二阶段包括步骤五到步骤八,为"生涯评估"阶段。按照该模式,我们可以尝试将大学生的职业选择过程分成两个阶段:一个是他们报考大学前思考选择的阶段,另一个是学生根据在校期间接受社会化过程中的绩效回馈来评估自己的选择。

(二)5W 分析法

Who am I?(我是谁?)面对自己,真实地写出每一个能够想到的答案,并将其按重要性排序,比如自己的专业、家庭情况、年龄、性别、性格、动手能力、思考能力,等等。

What will I do?(我想做什么?)要达成的目标,要什么样的生活方式,要什么样的工作环境,要怎样的薪酬待遇,要怎样的工作氛围,要在哪个城市工作?知道自己想要什么是我们做好职业规划的前提。

What can I do?(我会做什么?)自己的优势劣势分别是什么,在大学的积累期间应该"扬长补短",让优势更突出,同时不被劣势掣肘,不断通过专业学习、学生工作、社团工作、社会实践等积累专业知识和通用能力。

What does the situation allow me to do?(环境支持或允许我做什么?)将自己所处的家庭、单位、学校、社会关系等各种环境因素考虑进去。

What is the plan of my career and life?(我的职业与生活规划是什么?)明晰前四个问题,找到想要并且适合从事的职业,找到能够达成目标的支持,确定职业目标,列出达到目标需要做什么。经过自我定位、职业选择和职业目标实现,形成自己的职业生涯规划,最终成为我想和我能成为的那样。

(三)SWOT 分析法

SWOT 是"优势、劣势、机遇、威胁"四个词英文的首字母的组合。①优势:自己学到了什么,做过哪些事情,成功的是什么,忍耐力如何等;②劣势:自身的性格弱点,经验或经历中欠缺什么,最失败的是什么等;③机遇:现在的就业形势,各种职业发展空间,社会最急需的职业等;④威胁(挑战):专业过时、同伴竞争、薪酬过低等。

学生可以根据家长、老师和同学的评价,借助性格测验,发现自己是一个较为外向开朗的人还是内向稳重的人;自己对哪些问题较为感兴趣,如经济问题还是管理问题;或自己擅长哪些技能,如善于分析问题、对数字敏感、语言表达能力强等;也可发现自己的一些弱点。

通过上述方法,仔细分析目前的就业形势与自己能力的匹配情况后,规划好自己的职业生涯。

(四)人职匹配法

美国职业心理学家霍兰德根据自己多年的实践与研究,提出了职业性向的“六角型理论”。他认为总共有六种人格类型，并且分别对应着六种职业类型：现实型、研究型、艺术型、社交型、商业型、事务型。

(1)现实型。现实型工作对个人有技术上的要求，这类工作场合常有个人操控的工具、机器或动物。在这样的条件下，人们需要有技术、能力来从事类似机器修理、电器设备维护、驾驶车辆、豢养动物或者其他的技术性工作。在此领域中，人们处理事物的能力比待人接物更重要。现实型的人喜欢有规则的具体劳动和需要基本技能的工作，但他们相对缺乏社交能力。现实型的人适合从事的工作主要是熟练的手工工作和技术工作，如制图员、司机、电工、机械工、运输工、产业工人、木工、瓦工、铁匠、修理工等。

(2)研究型。研究型的人比较喜欢猜谜或者是需要用到智慧思考的挑战游戏，这种类型的人喜欢学习，也喜欢阅读有关科学或讨论科学的书刊，并对自己能独立解决科学上的问题而感到自豪。这类人喜欢智力的、抽象的、分析的、推理之的定向任务，但相对缺乏领导能力。这类人所适合的工作主要是科学研究和实验工作，适合各类科学研究职业，如气象学者、天文学者、地质学者、物理学、生物学、化学、数学等学科的科学工作者。

(3)艺术型。艺术的领域非常开放自由，它鼓励创意及个人的表现能力。这类领域为人们提供了开发产品与创造性地解决问题的自由空间。这种让人们能够发挥创意，并可颠覆传统、表达自我的职业类别，包括了音乐家、美术家、自由作家等。艺术型的人喜欢通过创作作品来达到自我表现的目的，他们感情丰富、善于想象，对艺术创作充满兴趣，但相对缺乏处理日常事务的能力。艺术型的人适合成为室内装饰设计师、诗人、作家、演员、记者、音乐、书画、雕塑、舞蹈、摄影等各类文学艺术工作者。

(4)社交型。社交型的工作领域鼓励人们真诚待人，彼此了解。社交型的人会对社会交往感兴趣，愿意出入社交场所，关心社会问题，主动为社会服务，但相对缺乏技术能力。社交型的人所从事的职业主要是与人打交道和为人办事的工作，即教育人、医治人、帮助人、服务于人的职业，如教师、医生、护士、律师、服务员、公关人员及社团工作者和社会活动家等。

(5)商业型。在商业型的工作领域中，人们通常很有自信，擅用社交手腕且极为独断。这个领域重视的是升迁和权力，个体的说服力和业务能力占据重要位置。商业型的人往往缺乏科学研究能力。适合商业型的人的工作主要在管理、决策方面，如担任国家机关及机构负责人、党团干部、经理、厂长、推销员及从事宣传、推广等工作。

(6)事务型。事务型的工作领域通常就是指办公室工作，在那样的领域里，人们需要保存记录、档案、影印资料、整理报告等。事务型的人往往会说自己是个有组织能力，且能听命行事的可靠人才。这类人对系统的、有条理的工作感兴趣，讲究实际，喜欢有秩序的生活，习惯按照固定的规程、计划办事。他们会选择与组织机构、文件档案和日程表相关的工作，如担任办公室办事员、图书管理员、税务员、统计员、出纳员、秘书及从事校对等工作。

霍兰德的人职匹配理论以个体差异为基础，通过评价自我和分析职业使二者相结合。这种方法直观简单，反映了职业指导的基本方面，并且便于实施。特别是心理测验技术的运用和发展，为人职匹配提供了必要的技术手段，这也使得这一理论曾经在职业生涯规划领域占主导地位。

该系统汇集三大功能：认识自我、认识职业、有效的决策行动，以完整、科学的方法来引导学生制定适合自己的生涯规划。

1. 自我了解

进入首页后可点击“现状评估”“价值观”“职业兴趣”“职业性格”“职业技能”，可分别进入不同测评，完成对相应特点的自我测评，获得报告，了解自己的特点。

(1)职业兴趣理论基础：霍兰德职业兴趣理论(见表 5－3)。

表 5－3　霍兰德职业兴趣类型

类型	喜欢的活动	重视	职业环境要求	典型职业
实用型 R (Realistic)	用手、工具、机器制造或修理东西。愿意从事实物性的工作、体力活动，喜欢户外活动或操作机器，而不喜欢在办公室工作	具体实际的事物，诚实，有常识	使用手工或机械技能对物体、工具、机器、动物等进行操作，与“事物”工作的能力比与“人”打交道的能力更为重要	园艺师、木匠、汽车修理工、工程师、军官、外科医生、足球教练员
研究型 I (Investigative)	喜欢探索和理解事物，学习研究那些需要分析、思考的抽象问题，喜欢阅读和讨论有关科学性的论题，喜欢独立工作，对未知问题的挑战充满兴趣	知识，学习，成就，独立	分析研究问题、运用复杂和抽象的思考创造性地解决问题的能力，谨慎缜密，能运用智慧独立地工作，相应的写作能力	实验室工作人员、生物学家、化学家、心理学家、工程设计师、大学教授

续表

类型	喜欢的活动	重视	职业环境要求	典型职业
艺术型 A (Artistic)	喜欢自我表达，喜欢文学、音乐、艺术和表演等具有创造性、变化性的工作，重视作品的原创性和创意	有创意的想法，自我表达，自由，美	创造力，对情感的表现能力，以非传统的方式来表现自己；相当自由、开放	作家、编辑、音乐家、摄影师、厨师、漫画家、导演、室内装潢设计师
社会型 S (Social)	喜欢与人合作，热情关心他人的幸福，愿意帮助别人成长或解决困难、为他人提供服务	服务社会与他人，公正、理解、平等、理想	人际交往能力，教导、医治、帮助他人等方面的技能，对他人表现出精神上的关爱，愿意担负社会责任	教师、社会工作者、牧师、心理咨询师、护士
企业型 E (Enterprising)	喜欢领导和支配别人，通过领导、劝说他人或推销自己的观念、产品而达到个人或组织的目标，希望成就一番事业	经济和社会地位上的成功，忠诚，冒险精神，责任	说服他人或支配他人的能力，敢于承担风险，目标导向	律师、政治运动领袖、营销商、市场部经理、电视制片人、保险代理
事务型 C (Conventional)	喜欢固定的、有秩序的工作或活动，希望确切地知道工作的要求和标准，愿意在一个大的机构中处于从属地位，对文字、数据和事物进行细致有序的系统处理以达到特定的标准	准确、有条理、节俭、盈利	文字能力，组织能力，听取并遵从指示的能力，能够按时完成工作并达到严格的标准，有组织有计划	文字编辑、会计师、银行家、簿记员、办事员、税务员和计算机操作员

(2)职业性格：MBTI 十六种性格类型(见表 5－4)。

表 5－4 MBTI 十六种性格类型及其特征、职业倾向

ISTJ 检察员型	ISFJ 照顾者型	INFJ 博爱型	INTJ 专家型
沉静，认真；贯彻始终、得人信赖而去的成功。讲求实际，注重事实，能够合情合理地去决定应做的事情，而且坚定不移地把他们完成，不会因外界事物而分散精神。以做事有次序、条理为乐——不论在工作上、家庭上或者生活上。重视传统和忠诚	沉静，友善，有责任感和谨慎。能坚定不移地承担责任。做事贯彻始终、不辞辛劳和准确无误。忠诚，替人照想，细心；往往记着他所重视的人的种种微小事情，关心别人的感受。努力创造一个有秩序、和谐的工作和家居环境	探索意念、人际关系和物质拥有欲的意义和他们之间的关系。希望了解什么可以激发人们的推动力，对别人有洞察力。尽责，能够履行他们坚持的价值观念。有一个清晰的理念以谋取大众的最佳利益。能够有条理地、果断地去实践他们的理念	有具创意的头脑、有很大的冲劲去实践他们的理念和达到目标。能够很快地掌握事情发展的规律，从而想出长远的发展方向。一旦作出承诺，便会有条理地展开工作，直到完成为止。有怀疑精神，独立自主；无论为自己或为他人，有高水准的工作表现
ISTJ 检察员型	ISFJ 照顾者型	INFJ 博爱型	INTJ 专家型
管理者、行政管理、执法者、会计，或者其他能够让他们可以利用自己的经验和对细节的逐一完成惹怒的职业	教育、健康护理(包括生理、心理)、宗教服务，或者其他能够让他们运用自己的经验亲力亲为帮助别人的职业，这种帮助是协助或辅助性的	宗教、咨询服务(包括个人、社会、心理等)、教导/教学、艺术，或者其他能够促进他们情感、智力或精神发展的职业	科学或技术领域、计算机、法律，或者其他能够让他们运用智力创造和技术知识去构思、分析和完成任务的职业
ISTP 冒险家型	ISFP 艺术家型	INFP 哲学家型	INTP 学者型
容忍、有弹性；是冷静的观察者，但当有问题出现，便迅速行动，找出可行的解决方法。能够分析哪些东西可以使事情进行顺利，有能够从大量资料中，找出实际问题的重心。很重视事件的前因后果，能够以理性的原则把事实组织起来，重视效率	沉静，友善，敏感和仁慈。欣赏目前和他周遭所发生的事情。喜欢有自己的空间，在做事又能把握自己的时间。忠于自己所重视的人。不喜欢争论和冲突，不会强迫别人接受自己的意见或价值观	理想主义者，忠于自己的价值观及自己所重视的人。外在的生活与内在的价值观配合。有好奇心，很快看到事情的可能与否，能够加速对理念的实践。试图了解别人、协助别人发展潜能。适应力强，有弹性；如果和他们的价值观没有抵触，往往能包容他人	读任何感兴趣的事物，都要探索一个合理的解释。喜欢理论和抽象的事情，喜欢理念思维多于社交活动。沉静，满足，有弹性，适应力强。在他们感兴趣的范畴内，有非凡的能力去专注而深入地解决问题。有怀疑精神，有时喜欢批评，常常善于分析

续表

ISTP 冒险家型	ISFP 艺术家型	INFP 哲学家型	INTP 学者型
熟练工种、技术领域、农业、执法者、军人，或者其他能够让他们动手操作、分析数据或事情的职业	健康护理（包括生理、心理）、商业、执法者，或者其他能够让他们运用友善、专注于细节的相关服务的职业	咨询服务（包括个人、社会、心理等）、写作、艺术，或者其他能够让他们运用创造和集中于他们的价值观的职业	科学或技术领域，或者其他能够让他们基于自己的专业技术知识独立、客观分析问题的职业
ESTP 挑战者型	ESFP 表演者型	ENFP 公关型	ENTP 智多星型
有弹性，容忍；讲求实际，专注及时的效益。对理论和概念上的解释感到不耐烦，希望以积极的行动去解决问题。专注于“此时此地”，喜欢主动与别人交往。喜欢物质享受的生活方式。能够通过时间达到最佳的学习效果	外向，友善，包容。热爱生命、热爱人，爱物质享受。喜欢与别人共事。在工作上，能用常识、注意实际现实的情况，使工作富趣味性。富灵活性、即兴性，易接受新朋友和适应新环境。与别人一起学习新技能可以达到最佳的学习效果	热情而热心，富于想象力。认为生活是充满很多可能性。能够很快地找出时间和资料之间的关联性，而且有信心地依照他们所看到的模式去做。很需要别人的肯定，有乐于欣赏和支持别人。即兴而富于弹性，时常信赖自己的临场表现和流畅的语言能力	思维敏捷，机灵，能极力他人，警觉性高，勇于发言。能随机应变地去应付新的和富于挑战性的问题。善于引出在概念上可能发生的问题，然后很有策略地加以分析。善于洞察别人。对日常例行事物感到厌倦。甚少以相同方法处理同一事情，能够灵活地处理接二连三的新事物
市场、熟练工种、商业、执法者、应用技术，或者其他能够让他们利用行动关注必要细节的职业	健康护理（包括生理、心理）、教学/教导、教练、儿童保育、熟练工种，或者其他能够让他们利用外向的天性和热情去帮助那些有实际需要的人们的职业	咨询服务（包括个人、社会、心理等）、教学/教导、宗教、艺术，或者其他能够让他们利用创造和交流去帮助促进他人成长的职业	科学、管理者、技术、艺术，或者其他能够让他们有机会不断承担新挑战的工作

续表

ESTJ 管家型	ESFJ 主人型	ENFJ 教导型	ENTJ 统帅型
讲求实际，注重现实，注重事实。果断，很快做出实际可行的决定。能够安排计划和组织人员以完成工作，尽可能以最有效率的方法达到目的。能够注意日常例行工作的细节。有一条清晰的逻辑标准，会有系统地跟着去做，也想别人跟着去做。会以强硬态度去执行计划	有爱心、尽责，合作。渴望有和谐的环境，而且有决心营造这样的环境。喜欢与别人共事以能准确地、准时地完成工作。忠诚，即使在细微的事情上也能如此。能够注意别人在日常生活中的需要而努力供应他们。渴望别人赞赏和欣赏他们所做的贡献	温情，有同情心，反应敏捷和有责任感。高度关注别人的情绪、需要和动机。能够看到每个人的潜质，要帮助别人发挥自己的潜能。能够积极地协助他人和组织的成长。忠诚，对赞美和批评都能很快地做出回应。社交活跃，在一组人当中能够惠及别人	坦率、果断、乐于作为领导者。很容易看到不合逻辑和缺乏效率的程序和政策，从而开展和实施一个能够顾及全面的制度去解决一些组织上的问题。喜欢有长远的计划，喜欢有一套制定的目标。往往是博学多闻的，喜欢追求知识，又能把知识传给别人。能够有力地提出自己的主张
管理者、行政管理、执法者，或者其他能够让他们运用对事实的逻辑和组织完成任务的职业	教育、健康护理（包括生理、心理）、宗教，或者其他能够让他们运用个人关怀为他人提供服务的职业	宗教、艺术、教学/教导，或者其他能够让他们帮助别人在情感、智力和精神成长的职业	管理者、领导者，或者其他能够让他们运用实际分析、战略计划和组织完成任务的职业

（3）职业价值观是指无论从事什么工作，都会在工作中追求的东西，可能是金钱、权力，也可能是成就感等。价值观在人们的职业生涯发展中起到极其重要的、决定方向性的作用，甚至超过了兴趣和性格对我们的影响。

追求成就：满足这一价值的职业是能够看到及时的成果展现，允许个体使用他们最强的能力，使他们有成就感。工作的追求是一种自我实现，而并非外在物质利益的满足。比如，能力运用、成就等。

注重关系：期望工作的内容是能够给予别人帮助，并希望在这样的职位上同事之间关系融洽，大家都有积极的道德观念和社会服务意识。比如，合作、道德观念、社会服务等。

崇尚独立：期望在工作中能够独立工作、独立决策，而且能够表现出自己的创新，发挥自己的责任感、自主性，能够以自我监督的形式使自己的工作按照自己的计划顺利进行。比如，创新、责任心、自主性等。

支持满足：期望在职业中，获得管理层的支持，获得充分的培训机会，能够在单位的规定范畴内获得应有的待遇。比如，平等、上级支持等。

赞誉赏识：能够使自己获得充分的领导力提升机会，并拥有充分的权威，能够对他人的工作提供指导，并且这个职位是富有社会声望的。比如，进步、权威、赞赏、地位等。

工作条件：希望获得有充分保障的工作，比如能够在一个比较安全和舒适的环境中工作，能够获得应有的报酬，而且还希望工作具有多样性，能够在工作的范围内做不同的事情。比如，充实、报酬、安全、多样性等。

(4)职业技能：技能探索采用图片测试的方式，一共包含了 35 种常见的技能。基本技能 10 种，解决复杂问题技能 1 种，资源管理技能 4 种，社交技能 6 种，系统技能 3 种，技术性技能 11 种。

2. 职业探索

职业探索是职业生涯规划中很重要的一步，也是系统中的关键之一，系统在这部分包括：推荐职业(如图 5－2 所示)、职业查询(如图 5－3 所示)、收藏职业。

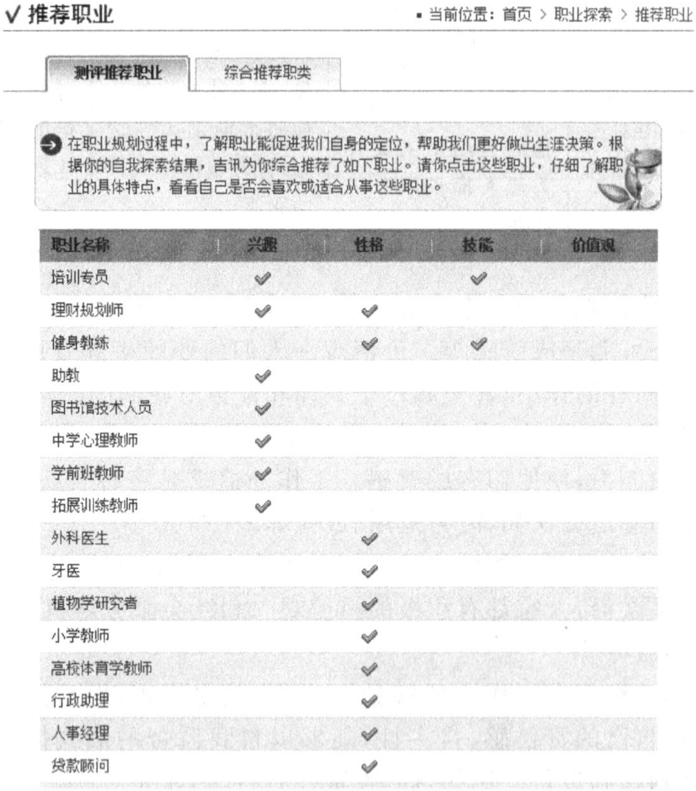

√ 推荐职业 ▪ 当前位置：首页 > 职业探索 > 推荐职业

测评推荐职业 综合推荐职类

在职业规划过程中，了解职业能促进我们自身的定位，帮助我们更好做出生涯决策。根据你的自我探索结果，吉讯为你综合推荐了如下职业。请你点击这些职业，仔细了解职业的具体特点，看看自己是否会喜欢或适合从事这些职业。

职业名称	兴趣	性格	技能	价值观
培训专员	✔		✔	
理财规划师	✔	✔		
健身教练		✔	✔	
助教	✔			
图书馆技术人员	✔			
中学心理教师	✔			
学前班教师	✔			
拓展训练教师	✔			
外科医生		✔		
牙医		✔		
植物学研究者		✔		
小学教师		✔		
高校体育学教师		✔		
行政助理		✔		
人事经理		✔		
贷款顾问		✔		

图 5－2 推荐职业

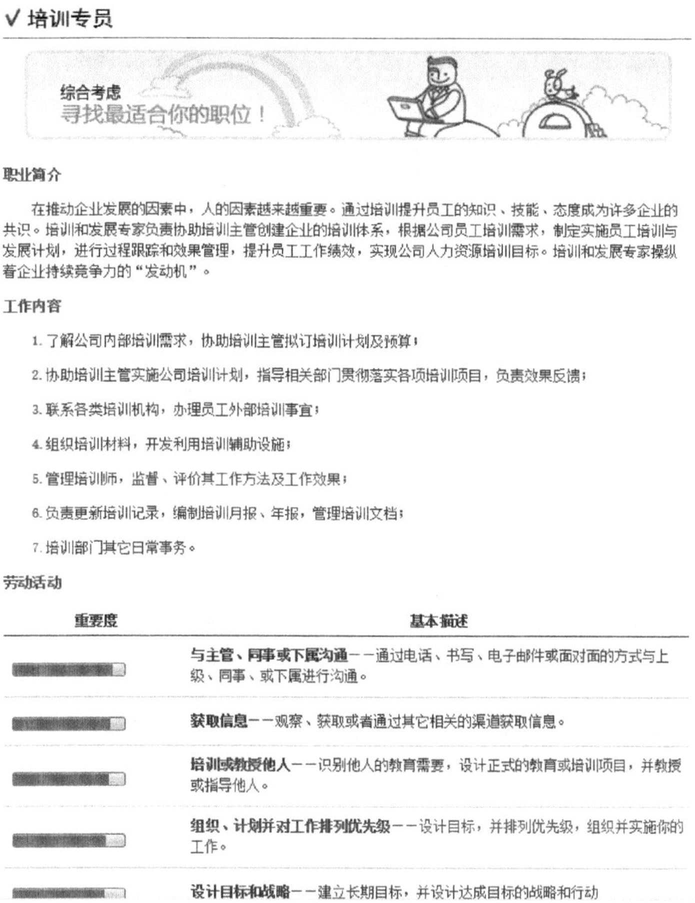

✓ 培训专员

职业简介

在推动企业发展的因素中，人的因素越来越重要。通过培训提升员工的知识、技能、态度成为许多企业的共识。培训和发展专家负责协助培训主管创建企业的培训体系，根据公司员工培训需求，制定实施员工培训与发展计划，进行过程跟踪和效果管理，提升员工工作绩效，实现公司人力资源培训目标。培训和发展专家操纵着企业持续竞争力的"发动机"。

工作内容

1. 了解公司内部培训需求，协助培训主管拟订培训计划及预算；
2. 协助培训主管实施公司培训计划，指导相关部门贯彻落实各项培训项目，负责效果反馈；
3. 联系各类培训机构，办理员工外部培训事宜；
4. 组织培训材料，开发利用培训辅助设施；
5. 管理培训师，监督、评价其工作方法及工作效果；
6. 负责更新培训记录，编制培训月报、年报，管理培训文档；
7. 培训部门其它日常事务。

劳动活动

重要度	基本描述
	与主管、同事或下属沟通——通过电话、书写、电子邮件或面对面的方式与上级、同事、或下属进行沟通。
	获取信息——观察、获取或者通过其它相关的渠道获取信息。
	培训或教授他人——识别他人的教育需要，设计正式的教育或培训项目，并教授或指导他人。
	组织、计划并对工作排列优先级——设计目标，并排列优先级，组织并实施你的工作。
	设计目标和战略——建立长期目标，并设计达成目标的战略和行动

图 5－3 职业查询

3. 决策行动

决策行动的流程包含两个方面:决策过程和行动计划。

(1)决策过程。点击决策过程后,出现决策首页。点击澄清我的迷思,进入下面页面,可以了解自己在哪些方面仍然存在非理性信念,并能及时获得澄清。点击决策工具:平衡单,在完成平衡单过程中,平衡单下方提供了可供选择的影响因素(如图 5－4 所示),可以选取其中的响应因素来填写平衡单(如图 5－5所示)。如果不会使用平衡单,可以查看具体的平衡单示例来学习使用。

(2)行动计划。点击行动计划后进入行动计划首页,点击制定行动计划按钮可以开始。根据指导完成相应的填写,即可获得行动计划报告。

常用的职业决策考虑因素(供参考)

★ 个人物质方面的得失:

1. 收入
2. 工作环境的安全
3. 对健康的影响
4. 工作的困难
5. 休闲时间
6. 就业机会
7. 升迁的机会
8. 生活变化
9. 其他

★ 他人物质方面的得失:

1. 家庭经济
2. 家庭地位
3. 与家人相处的时间
4. 其他

★ 个人精神方面的得失:

1. 生活方式的改变
2. 自我实现的程度
3. 挑战性
4. 成就感
5. 兴趣的满足
6. 社会声望
7. 其他

★ 他人精神方面的得失:

1. 父母
2. 师长
3. 伴侣
4. 其他

图 5－4　常用的职业决策考虑因素

✓ 平衡单示例

* 有一个学外贸的学生，临近大四毕业，他面临三个决策选项：找工作、创业和考研， 于是他做了一个这样的平衡单：

考虑因素		重视程度	到外贸公司工作	自己创业：与朋友合开报关行	考研上研
			分数	分数	分数
自己物质方面的得失	1. 收入情况	4	+2	+5	−5
	2. 健康状况	3	+1	−1	+2
	3. 工作时间	1	0	−4	0
	4. 休闲生活	2	+3	−3	+2
	5. 未来展望	5	−2	+4	+4
自己精神方面的得失	1. 发挥兴趣和能力	5	+1	+5	+5
	2. 有成就感	4	−1	+5	+5
	3. 改变生活方式	1	0	+3	+2
他人物质方面的得失	1. 家庭收入	2	+2	+3	−2
	2. 为家人分担家里的事	1	+2	−2	0
	3. 与家人相处时间	2	+3	−2	+1
	4. 与朋友相处时间	2	+1	−2	+2
他人精神方面的得失	1. 家人自豪	2	0	+3	+3
	2. 家人认同	2	+1	+3	+2
	3. 家人的担心	1	−2	−4	−1
合计			+22	+77	+68

图 5－5　决策平衡单

4. 结果中心

为了更方便快捷地查看到自己曾做过的报告，系统特意设计了结果中心功能。点击相应的图片即可查看不同的测评报告。同时，在所有页面都可通过左侧我的报告部分查看自己已经完成的测评报告。在结果中心部分，另外有生涯计划书。点开左侧导航栏的生涯计划书进入首页：点击生涯计划书写作指南等可以下载文档，学习他人如何撰写生涯计划书。点击生涯计划书按钮，获得基本版的生涯计划书。

参考文献

[1]金树人. 生计发展与辅导[M]. 台北：天马文化事业有限公司，1988.
[2]熊平. 职业生涯规划[M]. 北京：清华大学出版社，2014.
[3]王海棠. 大学生就业指导教程[M]. 北京：北京大学出版社，2009.
[4]陈晓兵，黄利峰. 大学生就业实务指导[M]. 西安：陕西科学技术出版社，2020.
[5]黄天中. 生涯规划：理论与实践[M]. 北京：高等教育出版社，2007.

工作思考

辅导员开展职业生涯规划教育的策略

一、职业生涯规划对大学生的重要意义

大学生职业生涯规划指大学生在进行自找剖析，在全面客观地认识主、客观因素与环境的基础上，进行自找定位，设定自己的职业生涯发展目标，选择实现既定目标的职业，制定相应的教育、培训、工作开发计划，并按照一定的时间安排，采取各种积极的行动去达成职业生涯目标的过程。只有制定一个好的职业生涯规划，才能促进大学生持续奋发进取，不断向着目标前进，最终实现自己的人生理想。

（一）有助于大学生增强自我认知

职业生涯规划的黄金法则是人职匹配理论，而进行人职匹配的前提和基础就是了解自己、认识自己。每个人受基因遗传、成长环境等因素影响都有自己的思维方式和行为习惯。在进行职业生涯规划前，大学生首先要眼睛向内，研究自己的性格、气质、心理素质、能力、技能、知识储备等特征，确定自己的优势和劣势，从而制定长远的职业生涯规划。通过加强自我认知，可以更加清楚地认识自己，也可以避免盲目的从众心理。

（二）有助于大学生确定发展目标

职业生涯规划主要内容是设定职业生涯发展目标，在设定职业生涯发展目标的基础上，也要设定学业目标，这样才能实现学业到职业的顺利衔接。大学生一旦明确了学业目标和职业目标，就会去努力奋斗，不断充实自己，完善自己，并为实现目标积极创造条件。如果在达成目标的过程中遇到困难和挫折，他们也会全力以赴去克服。这样可以有效减少部分大学生浪费光阴、碌碌无为、不思进取的现象，使大学校园更加充满奋发进取的蓬勃朝气。

（三）有助于大学生激发自身潜能

大学生制定了适合自己的职业生涯规划后，为了实现学业目标和职业目标，会通过努力养成良好的学习与生活习惯，会通过不断的学习和实践活动去锻炼自己各方面的能力与素质。同时，随着规划中一个个具体目标的实现，大学生的自信心就会增强，有助于激发大学生的潜能，从而进一步促进大学生向更高更远的目标前进。

二、辅导员在大学生职业生涯规划中的关键作用

辅导员是大学生职业生涯规划教育的具体实施者。从新生入校起，辅导员就要引导学生做好学业规划和职业规划，帮助他们树立正确的就业观和择业观，促进他们全面发展，成长成才。高校辅导员工作的性质、特点和职责决定了其在大学生职业生涯规划教育中承担着重要的角色。《高等学校辅导员职业能力标准（试行）》中规定了辅导员应为学生提供高效优质的就业指导和信息服务，帮助学生树立正确的就业观念。大学生平时接触最多的老师就是辅导员，辅导员也是最了解大学生各方面情况的人，辅导员只有根据每个学生的个性特征，针对每个人存在的矛盾和问题，在普遍教育的基础上，开展具有针对性的职业生涯规划教育，这样才能发挥好职业生涯规划教育的实际作用。同时，大学生职业生涯规划教育是一项系统工程，大学四年不同时间教育有不同效果，这就需要辅导员持续不断地对学生进行指导和引导。

三、大学生职业生涯规划教育存在的问题

（一）大学生对职业生涯规划的意识淡薄

从高中步入大学，大学生来到一个崭新的环境，容易在学习和生活中迷失方向。而部分高校针对大学新生的职业生涯规划教育体系还不完善，加之受家庭教育观念的影响，学生对自身的职业生涯规划的意识比较淡薄，不了解什么是职业生涯规划，也不会通过专业的测评系统进行测评，对自身能力、职业方向和社会发展没有一个清醒的认识。

职业生涯规划教育是近些年才开始被人们所重视的，许多大学生对职业

生涯规划的相关知识了解较少，对职业生涯规划的意义及作用了解不深。甚至有些学生认为开展职业生涯规划既浪费时间，又不会有立竿见影的效果；认为职业生涯规划是毕业后的事情，读书期间的规划过早，不会对自己有任何作用；认为大学期间的职业生涯规划是片面的，缺乏实践经验，不利于以后的工作发展。

（二）职业生涯规划教育缺乏个体针对性

每个大学生个体因受成长环境、家庭环境、教育环境等因素的影响，他们之间存在很大的差异性，如理想信念、智商、情商和心理承受能力等都有很大不同。在开展职业生涯规划教育时，就要充分考虑个体差异性，立足于每个学生开展教育，针对学生的个性特点设计学习、就业发展之路，使学生有目的地学，达到学有所用、学以致用。但是，许多高校在开展职业生涯规划教育时采取"一锅饭""大锅煮"的方法，没有考虑每个学生个体差异，千篇一律开展教育，严重抹杀了学生的个性。社会对人才的需求是多层次、多样化的，因此要针对学生的个性去进行职业生涯教育，充分发挥好学生的爱好特长，使学生能找到自己个性化的发展之路，最终在自己的岗位上实现人生的理想抱负。

（三）高校缺乏系统完善的职业生涯规划体系

部分高校片面地以为职业生涯规划教育就是就业指导教育，而且只在即将毕业的学生中开展，通常采用传统的专题讲座或者邀请杰出校友传授相关的就业面试技巧，这种重就业指导、轻生涯辅导的做法，将就业的希望寄托在几次讲座上，难以达到预期的生涯规划效果。并且，我国目前还没有权威性的职业生涯规划方面的教材，高校往往注重理论性知识，对实际操作中遇到的问题缺乏有效的解决方法，缺乏权威性和专业性。

四、辅导员开展大学生职业生涯规划教育的措施

（一）不断提升辅导员的理论和实践水平

作为大学生职业生涯规划教育的主要实施者，辅导员首先要紧跟社会发展的步伐，及时更新自己的理论知识，研究总结成功案例的方法经验。在理论和实践的基础上，做好职业生涯规划教育。同时，要创新教育内容和形式，可以根据学生的兴趣爱好，在课堂上采用小组讨论、案例分析、经验分享或者游戏等形式来引导学生积极主动地去学习。同时，辅导员还应积极参加校内外组织的职业生涯规划方面的培训，不断提升自己的专业素质。

（二）建立大学生职业生涯规划教育微信平台

随着互联网技术的迅猛发展和智能手机的普及，微信因其可以发送文字、图片、音频和视频等形式的内容，具有信息传播速度快、信息内容丰富多样、参与广泛、互动性强等特点被广泛使用。现如今，微信已经成为大学生群体普遍

使用的一款社交软件。我们可以通过集体或者个人的名义来申请微信公众号，在微信平台中可以通过文字、图片、语音、视频等形式来实现全方位的沟通与互动。

如果将大学生职业生涯规划教育从“线下”搬到“线上”，充分利用微信公众平台的传播作用，将极大地增强教育实效。因此，高校辅导员应该紧跟时代的步伐，加强对微信的研究，主动更新工作理念，不断提高自身的职业生涯规划的理论水平和实践能力。辅导员可以将课堂和微信平台相结合，学生可以随时随地通过微信平台学习职业生涯规划相关知识，也可以通过微信平台开展职业价值观、兴趣、能力、性格等方面的测试，更有助于学生全面认识自己、了解自己。总而言之，通过微信平台，辅导员一方面可以及时更新和丰富教学内容，另一方面，辅导员和学生可以更自主地进行在线交流，相互沟通，相互影响，极大地提升了教育的吸引力和参与度。

（三）利用专业方法对大学生进行职业认知和测评

目前已经有许多成熟的职业认知和测评的方法，辅导员可逐一对学生进行讲解示范，鼓励学生进行专业的职业认知和测评。大学生进行自我职业认知和测评的主要方法有SWOT分析法、360度评估方法以及职业气质型量表、16PF、霍兰德职业类型测试、MBTI测评、职业锚问卷等职业测评工具。其中，SWOT分析法指从优势（strength）、劣势（weakness）、机会（opportunity）和威胁（threat）四个方面来分析自身情况，从而对自身有一个大致定位，便于明确以后的发展方向。360度评估方法又称多渠道评估法，这个方法主要指受测试者通过从自己的社交环境，如父母、亲戚、朋友等的情况来全方位评估了解自己。大学生可以通过职业气质型量表等职业测评方法来客观深入地了解自己的性格特点及职业倾向。通过这些测评方法的综合使用，大学生就可以制定一个相对良好的职业规划。

（四）将大学生职业生涯规划教育与心理健康教育相结合

随着就业形势越来越严峻，大学生承受着巨大的心理压力，以至于部分学生会产生焦虑、抑郁、悲观等心理障碍或心理疾病。将大学生职业生涯规划教育与心理健康教育相结合，有助于从心理层面对学生进行引导和沟通，帮助大学生摆正就业择业的心态，在职业生涯规划中不断完善自己，促进学生心理健康发展。辅导员应加强心理学知识的学习，积极参加国家二级心理咨询师考试，掌握相关心理学知识，将心理学融入大学生职业生涯规划教育。特别是对心理承受能力较弱的学生，要通过心理学方法来做好教育引导，增强其在生涯发展中的心理素质。

（五）将大学生职业生涯规划教育与思想政治教育相结合

思想政治教育工作的根本目的是为了培养全面发展的大学生，将大学生职业生涯规划教育与思想政治教育相结合，可以帮助学生树立正确的就业观，使其成为一个对社会主义发展有用的人。辅导员在进行职业生涯规划教育时，首先要学好马克思列宁主义、毛泽东思想、邓小平理论、“三个代表”重要思想、科学发展观和习近平新时代中国特色社会主义思想，用党的创新理论来把好方向。其次要以《关于进一步加强和改进大学生思想政治教育的意见》为纲，教育学生要把自己的职业发展方向与社会主义发展进度结合起来，在各行各业中奉献自己的力量。最后，要充分发挥学生会、党支部、班委会等各级学生组织的作用，特别是要发挥好党员骨干的作用，用榜样的力量教育引导学生。

（六）丰富大学生的校园文化活动和社会实践活动

辅导员可以组织学生开展丰富多彩的校园文化活动，包括简历设计大赛、模拟招聘大赛、职业生涯规划大赛、面试技巧大赛等系列活动，这些活动不但可以丰富学生的校园文化生活，促进大学生对职业生涯规划的思考，更重要的是锻炼了竞争岗位所需要的能力，使学生充分做好迎接就业的准备。

辅导员还可以鼓励学生参加各种形式的社会实践活动，学生可以在社会实践活动中更好地了解自己，在学校里便对社会环境有一个初步的认识，进而明确自身的职业目标，制定学习和工作计划，并在实践过程中不断地践行和调整职业规划路线，为更好地走向工作岗位奠定良好的基础。辅导员可以依托高校、政府、企业及自身的各类资源，帮助学生不断开拓校内外的实践基地，全方位地锻炼学生的各种能力，让学生深刻地体验生活，以便根据自身实际情况不断调整规划目标和路线。同时，辅导员还应鼓励和引导学生参加创新创业活动，激发学生创造的智慧，在创新中寻找机会。

五、结语

大学生职业生涯规划教育是新形势下对辅导员工作提出的崭新要求。为了更好地促进学生发展与成才，辅导员要积极参与到职业生涯规划教育的体系中，不断学习新理念，更新工作思维，调整工作方法。

第六章

恋爱与性心理

一、心理学中的爱情

(一)爱情的含义

爱情是异性之间一种最强烈的人际吸引，是身心成熟到一定程度的个体对异性个体产生的具有浪漫色彩的一种高级情感，是渴望对方成为自己终身伴侣的最强烈、最稳定、最专一的感情。

爱情是建立在生理、心理、社会等综合需要的基础上，使人能获得强烈的生理和心理享受的稳定而持久的情感，是生理性、情感性和社会性的内在统一。

(1)生物因素：爱情是基于性生理、性心理的成熟度、男女两性之间的性吸引，从而具有与之相结合的强烈愿望。

(2)精神因素：爱情是一种高尚的、有浪漫色彩的高级情感，是以男女两性之间的共同信念、理想、追求和优良的道德品质为爱情的基石，健康的爱情会愉悦身心，使人产生美好的心理体验，让人在生活、学习和工作上积极向上，充满活力。

(3)社会因素：爱情是一种社会现象，是人际吸引的最强烈的形式，它一方面要受社会道德、法律规范制约，另一方面爱情还将涉及繁衍后代的社会功能。爱情是奉献的、利他的，也是占有的、排他的。

(二)斯滕伯格爱情三角理论

美国耶鲁大学社会心理学家罗伯特·斯滕伯格提出的爱情三角理论认为所有爱情包括三种成分：亲密、激情和承诺，该理论又叫爱情成分理论。亲密是指两个人心理上互相喜欢、互相归属的感觉，属于爱情的情感成分。激情是指强烈地渴望跟对方在一起的状态，是与“性”相关的动机驱力，属于爱情的动机成分。承诺是指自己愿意与所爱之人保持并主动维持情感，属于爱情的认知成分。

亲密、激情和承诺三大元素组成了七种不同类型的爱情(如图 6－1 所示)。

第一种是喜欢式爱情：只有亲密，没有激情和承诺，如友谊。很明显，友谊并不是爱情，喜欢不等于爱。友谊有可能发展成爱情，但也有人因为恋爱不成连友谊都丢了。

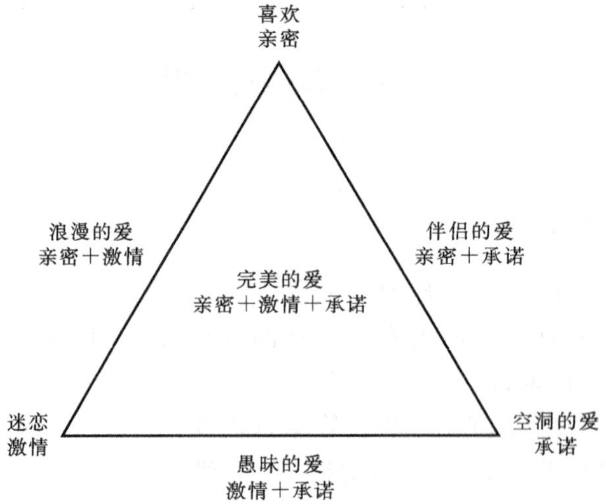

图 6－1　斯滕伯格爱情三角理论

第二种是迷恋式爱情：只有激情，没有亲密和承诺，如初恋。第一次的恋爱总是充满了激情，却少了成熟和稳重，是一种受到本能牵引和导向的青涩活动，如剧烈的心跳、双手发抖等。这也许是因为恐惧、焦虑或喜悦。当我们处在愉快的环境氛围中，我们将这种生理唤醒体验称为喜悦；而当我们处于充满危险与敌意的环境中时，我们将这种生理唤醒体验称为恐惧或愤怒。

第三种是空洞式爱情：只有承诺，缺乏亲密和激情，如纯粹为了结婚的爱情。此类爱情看上去丰满，却缺少真正的爱情必备的内容。

第四种是浪漫式爱情：只有激情和亲密，没有承诺，这种爱情崇尚过程，不在乎结果。

第五种是伴侣式爱情：只有亲密和承诺，没有激情。这种跟空洞式爱情类似，没有激情的爱情还能叫作爱情吗？这里指的是婚姻，只有权利、义务，没有感觉。伴侣之爱与激情之爱的狂热不同，它更加深沉和平和，是如同现实生活一般的情感依恋。最初的爱情之焰会慢慢冷却，并一直保持那种状态——温馨而又相互依赖。

第六种是愚蠢式爱情：只有激情和承诺，没有亲密。没有亲密的激情顶多是生理上的冲动，而没有亲密的承诺不过是空头支票。

第七种是完美式爱情：包含激情、承诺和亲密。只有在这一类型中，我们才能看到爱情的“庐山真面目”。

二、大学生常见的爱情心理困扰

(一)单相思与爱情错觉

单相思是指异性关系中一方倾心于另一方,却得不到对方的回应的单方面的“爱情”。爱情错觉是指在异性间的接触往来关系中,一方错误地认为对方对自己“有意”,或者把双方正常的交往和友谊误认为是爱情的来临。它是单相思的另一种形式,通常的表现为当事人自作多情,想入非非。单相思与爱情错觉都是恋爱心理的一种认知和情感的失误。单相思使某些学生陷入痛苦的境地,处于空虚、烦恼,甚至绝望之中。若处理不好,对以后的恋爱婚姻生活都有消极的影响,因此,陷入单相思的大学生要及早止步另做选择。要想克服单相思和爱情错觉,重要的是正确理解爱情的深刻含义,同时用理智驾驭情感,尊重对方的选择,不可感情用事。

【案例】

刘某(化名),女,19岁,大二学生,平时专心于学习,参加其他活动较少。她发现舍友都有男朋友,感觉自己也应该谈恋爱。刚好同班级中有自己喜欢的男生,便主动向男生示好,甚至向男生表白,但没有得到男生的回应,刘某对此感到苦恼,无心学习。

案例分析:

恋爱是出于爱情的本身,是为爱而爱,而不是为了排解孤单或者其他原因而进行的。刘某之所以感到苦恼,主要有两个原因:①恋爱动机不正确,刘某之所以想谈恋爱是因为自己的孤单,同时受到了舍友都有了男朋友的影响,她对于男生的喜欢与追求只是因为孤单和攀比之心,并不是出于自然而然萌生的爱意。②两人的恋爱是两情相悦,是顺其自然的事情,而不是刻意安排或一厢情愿,刘某对喜欢的男生展开热情的追求,但是男生并不喜欢刘某,委婉地拒绝了刘某,但是刘某没有清晰地理解对方的意思,仍然不死心,最后导致自己苦恼。

刘某可以通过这几个方面来进行调节:①积极参加大学丰富多彩的活动,转移注意力,不断提升自身综合素质,让自己变得越来越优秀。②树立正确的恋爱观,不因寂寞无聊而恋爱,端正恋爱态度,调整心态,快乐生活。③提升爱情受挫能力，应当学会释然，能坦然接受自己努力争取后仍然得不到。

感情纠葛

(二)失恋

失恋是指恋爱过程的中断。它带来的悲伤、痛苦、绝望、忧郁、焦虑、虚无等情绪使当事人受到伤害，是人生中最严重的心理挫折之一。失恋所引发的消极情绪若不及时化解，会导致身心疾病。

拓展阅读

献给所有的失恋者——苏格拉底与失恋者的对话

(苏格拉底)苏：孩子，为什么悲伤？

(失恋者)失：我失恋了。

苏：哦，这很正常。如果失恋了没有悲伤，恋爱大概也就没有什么味道。可是，年轻人，我怎么发现你对失恋的投入甚至比对恋爱的投入还要倾心呢？

失：到手的葡萄给丢了，这份遗憾，这份失落，您非个中人，怎知其中的酸楚啊！

苏：丢了就是丢了，何不继续向前走去，鲜美的葡萄还有很多。

失：等待，等到海枯石烂，直到她回心转意向我走来。

苏：但这一天也许永远不会到来。你最后会眼睁睁地看着她和另一个人走了。

失：那我就用自杀来表示我的诚心。

苏：但如果这样，你不但失去了你的恋人，同时还失去了你自己，你会蒙受双倍的损失。

失：踩上她一脚如何？我得不到的别人也别想得到。

苏：可这只能使你离她更远，而你本来是想与她更接近的。

失：您说我该怎么办？我可真的很爱她。

苏：真的很爱？

失：是的。

苏：那你也希望你所爱的人幸福吗？

失：那是自然。

苏：如果她认为离开你是一种幸福呢？

失：不会的！她曾经跟我说，只有跟我在一起的时候她才感到幸福！

苏：那是曾经，是过去，可她现在并不这么认为。

失：这就是说，她一直在骗我？

苏：不，她一直对你很忠诚。当她爱你的时候，她和你在一起，现在她不爱你，她就离去了，世界上再没有比这更大的忠诚。如果她不再爱你，却还装着对你很有情谊，甚至跟你结婚、生子，那才是真正的欺骗呢。

失：可我为她所投入的感情不是白白浪费了吗？谁来补偿我？

苏：不，你的感情从来没有浪费，根本不存在补偿的问题，因为在你付出感情的同时，她也对你付出了感情，在你给她快乐的时候，她也给了你快乐。

失：可是，她现在不爱我了，我却还苦苦地爱着她，这多不公平啊！

苏：的确不公平，我是说你对所爱的那个人不公平。本来，爱她是你的权利，但爱不爱你则是她的权利，而你却想在自己行使权利的时候剥夺别人行使权利的自由。这是何等的不公平！

失：可是您看得明明白白，现在痛苦的是我而不是她，是我在为她痛苦。

苏：为她而痛苦？她的日子可能过得很好，不如说是你为自己而痛苦吧。明明是为自己，却还打着别人的旗号。年轻人，德行可不能丢哟。

失：依您的说法，这一切倒成了我的错？

苏：是的，从一开始你就犯了错。如果你能给她带来幸福，她是不会从你的生活中离开的，要知道，没有人会逃避幸福。

失：可她连机会都不给我，您说可恶不可恶？

苏：当然可恶。好在你现在已经摆脱了这个可恶的人，你应该感到高兴，孩子。

失：高兴？怎么可能呢，不管怎么说，我是被人给抛弃了，这总是叫人感到自卑的。

苏：不，年轻人的身上只能有自豪，不可自卑。要记住，被抛弃的并不是就是不好的。

失：此话怎讲？

苏：有一次，我在商店看中一套高贵的西服，可谓爱不释手，营业员问我要不要。你猜我怎么说，我说质地太差，不要！其实，我口袋里没有钱。年轻人，也许你就是这件被遗弃的西服。

失：您真会安慰人，可惜您还是不能把我从失恋的痛苦中引出来。

苏：是的，我很遗憾自己没有这个能力。但，可以向你推荐一位有能力的朋友。

失：谁？

苏：时间。时间是人类最伟大的导师，我见过无数被失恋折磨得死去活来的人，是时间帮助他们抚平了心灵的创伤，并重新为他们选择了梦中情人，最后他们都享受到了本该属于自己的那份人间之乐。

失：但愿我也有这一天，可我的第一步该从哪里做起呢？

苏：去感谢那个抛弃你的人，为她祝福。

失：为什么？

苏：因为她给了你一份忠诚，给了你寻找幸福的新的机会。说完，苏格拉底走了。

献给所有的失恋和已经失恋的人们：

希望你们可以快些摆脱失恋的痛楚！不要再用酒精麻痹了，不要逃避现实，有些事情是早晚都要面对的，也许早些发现她不适合你，是种远见！我只是希望年轻的你不要把时间、精力和金钱等有价值的东西都浪费在这上面！

事物的真正意义往往在于它的尽头，曾经沧海的尽头是遥望，而遥望的尽头竟是淡忘……

有时候，放弃也是一种美……对吗？

希望你们的爱情都一帆风顺，祝福你！

(三)网恋

网恋是指以网络为媒介，借用聊天工具等互相聊天，人们之间互相了解，从而相恋。大学生网恋很容易上瘾，且影响日常人际交往和生活，甚至可能遇到诈骗等。

(四)异地恋

异地恋是指相处异地的恋爱。维持异地恋需要更多的忍受与煎熬，也会收获更多美满与希望。异地恋需要勇气、忠诚、信任、理解、沟通、目标和忍耐的品质。

三、培养爱的能力

心理学家弗洛姆认为："爱是人的一种主动的能力，一个突破把人和其他同伴分离之围墙的能力，一种使人和他人相联合的能力；爱使人克服了孤独和分离的感觉，但允许他成为他自己，允许他保持自己的完整性。"

(一)表达爱意的能力

在恰当的时机、地点，以恰当的方式表达爱意。一个人心中有了爱，在理智分析之后，要敢于表达、善于表达，这是一种爱的能力。大学生要具有迎接爱的能力，就应懂得爱是什么，有健康的恋爱价值观，知道自己喜欢什么、需要什么、适合什么。对万事保持敏感和热情，主动关心他人。

(二)接受爱情的能力

当别人向你表达爱意时，能及时准确地对爱意的信息作出判断，坦然地作出选择。能承受求爱拒绝或拒绝求爱所引起的心理扰乱。

(三)拒绝爱情的能力

自己不愿或不值得接受的爱应有勇气加以拒绝。拒绝爱要注意两个方面:一是在并不希望得到的爱情到来时,要果断、勇敢地说"不",因为爱情来不得半点勉强和将就。如果优柔寡断或屈服于对方的穷追不舍,发展下去对双方都是不利的。二是要掌握恰当的拒绝方式,虽然每个人都有拒绝爱的权力,但是珍重每一份真挚的感情是对他人的尊重,也是一种自珍,同时是对一个人道德情操的检验。不顾情面,处理方法简单轻率,甚至恶语相加,结果使对方的感情和自尊心受到伤害,这些做法是很不妥当的。需要注意:不带情绪拒绝;不要漫不经心;态度要坚决,表达清楚,不强硬;感谢对方的欣赏和感情;行动与语言一致;不伤害对方的自尊。

(四)鉴别爱情的能力

要学会鉴别友情和爱情。喜欢先利己后利人,而爱则先利他后利己;喜欢先是单向的,后来才发展为相互喜欢,而爱则是双向的付出。泰戈尔曾说过:"友谊和爱情之间的区别在于:友谊意味着两个人和世界,然而爱情意味着两个人就是世界。在友谊中一加一等于二,在爱情中一加一还是一。"

(五)保持爱情长久的能力

(1)理解:设身处地地理解对方。

(2)信任与宽容:信任是爱情的基石。警惕爱情常因理想化而盲目苛求。请记住"万事无完美,包括你和我"。

(3)支持与照顾:爱情必将经历风雨,爱情需要经历风雨。只爱自己的人不会有真正的爱情,只有骄横的占有;不爱自己的人也不会有真正的爱情,只有谦卑的奉献。

(4)成长:爱,不是一种单纯的行为,是我们生活中的一种气候,一种需要我们终身学习、发现和不断前进的活动。

(5)爱的五种语言:肯定的言词、精心的时刻、接受/赠予礼物、服务的行动、身体的接触。

(六)解决恋爱冲突的能力

解决爱的冲突的能力就是要培养无私的品格和奉献精神,要培养善于处理矛盾的能力,有效地化解消除恋爱和家庭生活中的矛盾纠纷。不说过头话,不做过激的行为。吵架后注意保密,切忌在朋友或同学面前去炫耀自己,满足自己好逞强的私欲。要主动妥协,切忌一定要压倒对方,可用一个动作或一句话表示自己认输,会使对方也心软。

(七)提高恋爱挫折承受能力

大学生的恋爱受多种因素的制约,因而在追求爱情的过程中遇到各种挫折是在所难免的。如果承受能力较强,就能较好地应付挫折,否则就有可能造成不良后果。因此,提高恋爱挫折承受能力对大学生的心理健康是非常重要的。当爱情受挫后,用理智来驾驭感情,通过增强理智感,分析原因,总结经验教训,通过适当的情绪调节、宣泄和转移来减轻痛苦。在新的追求中确认和实现自己的价值,从而提高自己的心理承受能力和思想水平。

四、维护性心理健康

(一)大学生性心理健康的标准

大学生性心理健康的标准是有正常的性需要和性欲望、有科学的性知识、有良好的性道德、有正当的性行为。

(二)维护性心理健康途径

1.认同自己的性别角色

性别角色认同是一个人社会化程度较高的重要体现,也是心理健康的重要标志。男性和女性在生理和心理上各有自己的特点,各有自己的性别魅力。现代社会的大学生应当在生物生理、社会心理和文化、经济、政治以及社会参与方面,进行合乎科学、合乎道德、合乎时代要求的全面角色认同。大学生应当接纳和欣赏自己的性别角色,发展出适应时代要求的优秀个性特点,比如,坚毅与刚强,温柔与关爱等。这些特点是现代人必备的个性品质,它们已经不再专属于传统的男性特点与女性特点。性别角色的认同及胜任是现代人成功适应社会和自我发展的重要心理基础。

2.文明适度地与异性交往

文明适度地进行异性交往,可以满足性心理的需求,缓解性压抑。异性交往有益于扩大信息,完善自我,对大学生未来的恋爱婚姻及成才发展具有重要的作用。但大学生在与异性交往时要把握分寸,注意场合,规范行为,处理好“友情”与“恋爱”的关系。

拓展阅读

艾滋病

艾滋病传播途径主要有母婴传播、异性传播和同性传播。同性传播大有超越异性传播之势，特别是男男性行为传播是感染艾滋病的重要途径。大学生发生这种行为，一般是因网上交友不慎被诱导或好奇想冒险尝试这种刺激感觉，最终不幸被传染。

艾滋病目前仍没有治愈的方法，防远重于治。戴避孕套，不仅避孕，还能防止不同毒株的艾滋病交叉感染。如果没有戴避孕套又意识到高危行为可能让自己患上艾滋病病毒，要赶紧采取暴露后的预防，在发生关系两小时内服用有效药物即可避免被感染。如果错过两小时的最佳时期，在急性感染期或无症状期，一旦发现马上治疗，让免疫功能达到理想状态，也可服药长久不发病。如果等到后期发现才治疗，则回天乏力。

3. 建立负责任的性态度

严肃对待自己的性行为，不要因此造成对自己和他人的伤害。大学生要增强自己的性道德和性法律意识，用其规范自己的性行为，尊重自己，尊重他人。

4. 寻求性心理咨询

为了更快地排除自己的心理困扰，大学生可以向父母、老师、知心朋友等社会支持系统倾诉和宣泄自己的情绪，也可以寻求心理咨询的帮助。在心理咨询室，性问题不再是一个难于启齿的问题，大学生可以宣泄自己心中的郁闷。

参考文献

[1]林佩云.加强大学生恋爱观教育的思考：基于对华南地区6所高校大学生的抽样调查[J].华中农业大学学报(社会科学版)，2011(3)：119－123.

[2]刘佳.大学生心灵成长课堂[M].西安：陕西师范大学出版社，2014.

第七章

心理危机的应对

一、心理危机的概念及分类

心理学家卡普兰最早提出了心理危机的概念，他认为，心理危机是当个体面临突然或重大生活境遇时所出现的心理失衡状态。这种状态的特点有：①心理严重失调，心理矛盾激烈冲突难以解决；也可以是精神面临崩溃或精神失常，甚至出现自伤或伤人的情况；②困难或极度危险中不稳定的局面；③临时的，不平衡的，而且伴随着混乱和无序的状态；④事件或情况过于困难，个体现有的资源和应对机制无法处理现在的情况；⑤当心理危机出现时，危机学生有可能察觉，也有可能觉察不到。

对于大学生来说，常见的危机表现形式有焦虑、抑郁甚至躁狂的情绪，有强迫性思维或行为，上网成瘾、烟酒依赖、旷课、人际冲突、行为异常、出走、伤人伤物，严重的精神障碍(如精神分裂等)，自伤或自杀。自杀是心理危机最极端的表现形式。

心理学家布拉姆所提出的应用危机理论很适合对大学生所出现的危机分类。布拉姆把危机分为发展性危机、境遇性危机和存在性危机。

(一)发展性危机

发展性危机是指在正常成长和发展过程中，急剧的变化或转变所导致的异常反应。对于大学生来说，身体发育和性发育日益成熟，但在认知、情绪和自我控制上都不成熟，看问题容易带有主观性、片面性和绝对性，常常非此即彼、非白即黑；情绪波动性较大，心理状态不稳定，易激惹冲动，做出让自己后悔的事情；在情绪表达上较含蓄和内隐，这种表达上的忍耐，常常会让情绪体验时间较长，转化为某种心境，这种情绪上的隐忍表达在某个时点上会引发过激行为，并导致人格上的改变；自我控制力较弱，进入相对自由的大学后，容易受到诱惑，沉溺于一些不良的嗜好；在人际关系上更加敏感，在意同伴的评价和行为。这些都是导致大学生产生发展性危机的因素。发展性危机是正常的，而且每个人的发展状况都是独特的，因此辅导也要因人而异。

(二)境遇性危机

当出现意外的不幸事件和遭遇，且个人无法预测和控制时的危机被称为境遇性危机。比如，交通意外、重大事故、地震、亲人死亡、突然的疾病等，都可能导致境遇性危机。境遇性危机的特点是随机性、突发性、震撼性、强烈性、灾难性和不可预见性。

(三)存在性危机

存在性危机是指伴随着重要的人生问题(如关于人生意义、责任、独立性、自由等)出现的内部冲突和焦虑。存在性危机可以是基于现实的问题,也可以是基于对人生深层次的思考。由于很多学生在上大学前将全部精力投入学习,考上大学后会突然有失去人生目标的感觉,就会反思人活着究竟为了什么、人生的目标等,还有的学生在上大学前完全被父母和老师管理,很少进行自主选择,而且在物质方面的需要基本上都被满足,也有可能上大学后出现存在性危机。

二、心理危机的识别方法

(一)从学生基本信息摸排中发现识别

搜集学生的基本信息,包括家长联系方式、其他家庭成员、在学校当地的紧急联系人、爱好特长、上大学前有无心理咨询经历、是否为单亲家庭、是否有生理疾病、有无宗教信仰等。在此基础上,根据实际情况,为学生建立信息卡,比如,建档立卡学生、少数民族学生、学习困难学生、心理健康教育中心反馈的需要一般和重点关注的学生。掌握这些信息便于快速掌握学生的情况,抓住问题关键所在。

辅导员也可以通过查阅学生档案、谈心谈话、日常观察等途径了解学生产生心理问题和危机的风险性因素。危机的风险性因素包括:①年龄过大或过小;②家庭过于贫困;③父母关系不睦、单亲或离异;④与父母很少沟通或有较大矛盾;⑤有留守、流动、寄养经历;⑥有自伤或他伤经历,曾被虐待;⑦有重大身体疾病或有慢性疾病;⑧有家族自杀史、个人自杀未遂史、身体虐待史;⑨心理普查被确定为重点人群;⑩曾经被确诊有严重心理问题或精神障碍;⑪家族中近亲属有精神疾病史等。

(二)从学生主要面临的困难情境中发现识别

(1)适应困境:不能适应在校生活和学习,社会功能(吃饭、睡觉、人际交往、学习、工作效率)明显异常。

(2)人际困境:孤独、人际冲突、受同伴排斥、失恋及其他人际交往受挫等。

(3)学业困境:功课学习困难,难以完成老师布置的任务,学习成绩不理想或考试不及格(自己认为难以接受的)。

(4)就业困难:没有找到自己满意的工作或没有找到工作。

(5)家庭困境:父母婚姻破裂、亲子关系不良等。

(6)经济困难:家庭经济困难等。

(7)健康困境:正在罹患严重身体疾病或精神疾病等。

(8)重大应激事件:正在经历突发性重大事件,比如失恋、与他人发生剧烈冲突、受到行政处分、自身突发重病、亲人突患重病或去世、遭遇自然灾害等。

(三)从学生日常行为表现发现识别

(1)看待事物、思考问题总是比较极端。

(2)过度自卑、自责、内疚、压抑、忧郁、焦虑、烦躁不安、恐惧、绝望感等。

(3)睡眠较差,有失眠或早醒的情况,持续两周以上。

(4)经常不去上课,或上课时无法集中注意力,回避与同学、老师的交往。

(5)有网络成瘾或其他成瘾行为,严重影响正常的学习和生活。

(6)人际关系不良,很少与同学交往,同学关系存在比较大的矛盾或冲突。

(7)性格过于内向、孤僻,缺乏社会支持。

(8)在网络媒体(微信、微博、QQ 等)有比较过激或有关于生命安全方面的言论。

(四)从心理危机的信号发现识别

(1)抑郁症、精神分裂症等严重心理疾病或精神疾病发作期。

(2)认知、情绪或行为突然出现异常。在性格方面,平时性格开朗、生活态度积极乐观,出现危机时则相反,如果平时性格内向,可能会加重。或许性格变得暴躁、易怒、抱怨一切事情,甚至认为社会对他不公平等。在情绪方面,紧张、恐惧、怕见人、情绪低落或不稳、表面平静但眼神游离。在言语方面,沉默少语或言语本身带来特定意义令人费解。在行为方面,躲避人、对关心他的人采取回避的态度、呆坐沉思、麻木。在其他方面,失眠、食欲食量变化、做事注意力不集中、工作、学习能力下降等。

(3)有强烈而频繁的自伤或伤人念头。

(4)表达过自伤或伤人计划,讨论过自伤或伤人方式。

(5)有自伤或伤人的苗头或具体的行为。

(6)有自杀未遂史。

三、应对心理危机的有效策略

欧·亨利在他的小说《最后一片叶子》里讲述了这样一个故事:一个生命垂危的女孩从房间里看见窗外的一棵树,树叶正在秋风中一片片地掉落下来。女孩望着眼前的萧萧落叶,身体也随之每况愈下,一天不如一天。她说:"当树叶全部掉光时,我也就要死了。"一位老画家得知后,用彩笔画了一片叶脉青翠的树叶挂在了这棵树上。最后的这片"叶子"始终没掉下来。正因为生命中的这片绿,女孩竟奇迹般地活了下来。

(一)自我应对

大学生要学会审视自己的生命观,审视情绪,找回理智,重新出发。进行情绪管理是转化危机的关键一步,检查和反省在遭遇刺激事件后,我们的情绪与认知是否存在问题,待情绪稳定,认识清楚,最后就是要付诸行动。

应对的措施有:①倾诉、宣泄、与更糟的情况相比较;②寻找安全的地方;③把注意力放在自己能做、喜欢做的事情上;④充分认识其自身的资源;⑤寻求社会支持;⑥发现该事件对自己生命的意义;⑦身体锻炼(有氧运动);⑧体验大自然(旅行);⑧有用的放松技术(肌肉放松、深呼吸、想象放松);⑩积极主动求助。

(二)朋辈互助

大学生朋辈心理辅导是高校心理健康教育部门通过培训和督导一批志愿者从事心理援助工作的学生,在心理辅导基本原则的指导下,对周围需要心理帮助的同学给予心理开导、安慰和支持,提供一种具有心理辅导功能的服务。加拿大的朋辈辅导中心认为:"对于某些当事人及他们所关心的问题的某些方面而言,由受过训练、掌握了积极倾听技巧的同伴志愿者所提供的帮助是最为有效的。"朋辈互助是专业心理咨询的重要补充,有利于满足学生多层次心理援助的需要,有利于提高学生心理自助与互助的意识与能力。辅导员可以发挥班级心理委员和宿舍心理信息员的作用,定期召开心理健康教育知识培训,提高他们的朋辈辅导技能。

(三)专业帮助

(1)确定问题,专业人员确定求助者所处的状态和存在的问题。

(2)保证求助者安全,专业人员会不断对求助者进行自杀或他伤的危险性评估。

(3)给予支持,始终提供这样一种机会,让求助者相信“这里有一个人确实很关心我们”。

(4)探索可变通的解决方法,专业人员会帮助求助者认识到有一些变通的应对方式可供选择,帮助求助者探索自己可利用的解决方法。

(5)制订计划,专业人员会在求助者的主导之下,协助制订行动计划来矫正求助者情绪的失衡状态。

(6)得到承诺,为了确保计划落实,专业人员会要求求助者签订承诺。

四、辅导员处理心理危机可采用的技术

(一)危机评估原则

心理危机评估过程中需要遵循五点原则:①收集相关资料,如人口学、心理学、社会学等相关研究成果;②从专业角度界定当事人心理危机严重程度;③评估求助者的状态,包括心理状态、生理状态以及人际关系等;④评估求助者的应对危机的技巧,如当事人是否已经主动采取积极的应对方法;当事人面对危机事件是如何处置负面情绪的;通过自主干预产生的效果;是否建立起危机干预模式;⑤评估当事人适合采用何种方式解决心理危机。

(二)QPR 技术

QPR 技术又称为心理危机的“看门人计划”,属于紧急危机干预技术。QPR 是提问(question)、说服(persuade)和转介(refer)的英文单词的首字母的缩写。

1. 提问技术

提问技术是指辅导员如何询问有关心理危机问题的方法。辅导员如果在谈话的过程中遇到有关心理危机的信息,如有疑问,就要立即询问,如果危机

学生有些抗拒，或者态度勉强，辅导员仍然要坚持询问和评估。

提问时请注意：第一，谈话的空间必须安全，在私密的场合，要单独询问。第二，在回答的内容上，不要限制，要给予危机学生充分的自由，可以谈论任何与心理危机相关的内容。第三，提问的方式包括直接提问和间接提问。

(1)直接提问是直接询问危机学生的想法。

(2)间接提问是通过询问了解可能导致危机学生有其他想法的一些线索和信息。

注意事项：要记住，危机学生如果有了自杀的想法是正常现象，作为危机辅导员不能回避，需要更多地了解和自杀有关的信息，以便为危机学生提供更多的帮助和支持。有研究表明，一旦自杀危机者被问及是否想过自杀，他们感到的是轻松解脱，而非苦恼。焦虑的清退，伴随希望的增加，继续活下去的机会更大一些。

如果辅导员无法进行关于自杀的提问，就需要转介心理健康教育中心心理咨询师来帮助完成这一工作。

2.说服技术

说服技术主要是辅导员要表达对危机学生的关注和关心，并注入希望的技术。处于危机中的学生常常会觉得孤独，被世界抛弃，充满痛苦，对自己的未来是一种绝望的感觉。辅导员要对危机学生表达出理解和关心，并灌注希望与爱。

(1)表达关心的方式。全身心的专注倾听、共情式的理解都是表达关心的方式，直接说出自己的关心和担心或者以询问的方式表达关心，都是可以的，记得要表现出耐心和坚持。例如：我很关心你目前的状况；我很愿意帮助你；我陪你去找心理中心的老师谈谈好吗？那里的老师都很专业，也许他们可以帮助你。

(2)灌注希望的方式。对自己和未来绝望是自杀者的核心特点。辅导员需要提升危机学生的希望水平，包括提供支持和帮助、为问题的解决提供思路、降低对情境的负面感受。例如：只要我们一起想办法，一定会有解决的方法的；这种痛苦的感觉不会永远都存在的，随着时间的推移就会慢慢降低。

3.转介技术

如果辅导员觉得自己无法帮助危机学生，最好的方式就是将危机学生转介给学校心理健康教育与咨询中心。辅导员需要亲自陪伴危机学生前往咨询中心，以保证危机学生的安全。根据心理咨询师的建议，看是否需要前往专业心理医疗机构进行治疗。

参考文献

[1]田宝伟，胡心怡，张平，等. 辅导员深度辅导的谈心谈话技术[M]. 北京：高等教育出版社，2021.

[2]李雪娇. 大学生心理危机应对研究[D]. 哈尔滨：东北林业大学，2014.

[3]樊富珉. “非典”危机反应与危机心理干预[J]. 清华大学学报（哲学社会科学版），2003，18(4)：32-37.

[4]许红艳. 大学生心理危机预警指标体系及信息评估系统的构建[D]. 重庆：西南大学，2008.

[5]段鑫星，程婧. 大学生心理危机干预[M]. 北京：科学出版社，2006.

工作思考

我曾听取了来自中国人民大学胡邓博士做的题为“大学生常见心理问题与危机干预”的讲座。胡教授用诙谐幽默的语言和实际事例对心理咨询的基本特征、常见心理问题（症状）及其治疗方法（包括神经衰弱、强迫症、进食障碍、焦虑症、抑郁症等）、危机干预方法等方面做了详尽的说明。我们进一步明白了心理健康教育的重要性，也了解了大学生常见心理问题的应对措施及干预方法。

1. 建立大学生心理健康档案具有重要意义

大学生心理健康普查有助于了解学生的心理健康状况，建立学生心理健康档案。通过心理普查识别出心理问题严重的学生，对这些可能发生或正在处于心理危机的学生进行重点帮助，进行心理评估。建立学生心理健康档案就是要找出其心理素质方面的缺陷，做好有针对性的帮助。从心理品质的角度来说，大多数的心理危机是逐步形成的，有其过去的根源（父母给予孩子的安全感或者家庭关系），或在某个过程中已经潜伏着心理危机。因此，建立学生心理健康档案是大学生心理危机干预的基础工作。

2. 发挥高效心理咨询中心在危机干预中的主导作用

大学生心理咨询中心参与大学生的日常心理健康教育，负责学生的心理健康普查和健康档案的建立，承担对学生的个别和团体心理咨询、辅导任务，既是全力关怀、支持学生，形成有利于学生自我成长社会环境的营造者，也是学生心理健康状况的可靠信息源；大学生心理咨询中心在危机干预中的主导作用，也因为它是心理危机干预的常设机构。心理咨询中心不但要从事危机干预信息的收集，也要责无旁贷地承担信息在上下之间和各协作部门间的传递。心理咨询人员的主动性如何，影响到危机干预是否及时和能否获得成功；大学生心理咨询中心在危机干预中的主导作用，还在于其本身就是干预决策的主要参与者，是危机干预的实施者。心理咨询人员具有专门知识和丰富实践经验，他们熟悉和精通心理危机干预的技术，懂得何时应请求专门医院和其他社会力量的支持，发挥心理咨询中心在心理危机干预中的主导作用，将最终把高校大学生心理危机干预工作的任务落实。

3. 学会与学生联结

当代大学生勇于向权威挑战，他们敢于争夺自己的话语权，但面对残酷的现实，当代大学生也面对巨大的压力。如何有效地帮助他们、了解他们的心理状态，让他们以一种健康、积极、活泼的心态面对学习和生活，塑造精彩的大学生活，我们要做到与他们联结，想他们之所想，了解他们的内心世界，通过和他们的真诚互动，赢得他们的信赖，成为他们的知心朋友，从而才有机会与他们同行，才能引领他们，我们要陪伴他们走过风雨，完成从指导者到陪伴者的角色转换。在教育学生的过程中，我们要怀抱一个信念：以生命影响生命，用关爱点燃关爱，正确处理他们遇到的各种人际关系。

4. 与家长多沟通，了解学生的心理状态

精神分析认为，人格决定命运，而人格是童年养育方式和家庭关系。父母给孩子的安全感对孩子从小到大的人格塑造扮演着重要的角色，而家庭关系对孩子心理状态的影响也不容忽视。从父母层面来了解孩子的成长环境，有助于找到问题的根源。

5. 不断加强大学生心理健康教育

大学生没有多少社会阅历和经验，经历的挫折也很少，进入大学后或多或少会遇到一些问题：如生活环境不适应、学习方法不适应、人际关系不适应等，他们的心理承受能力并不是很强，辅导员要及时发现这些现象，开展谈心、心理健康教育讲座及相关活动并及时给予正确引导。

第八章

辅导员开展心理辅导的方法与技巧

谈心谈话工作是辅导员开展心理辅导的基本形式，是高校辅导员对学生开展思想政治教育的重要手段。国务院印发的《关于进一步加强和改进大学生思想政治教育的意见》要求辅导员要结合大学生实际，广泛深入开展谈心活动，有针对性地帮助大学生处理好学习成才、择业交友、健康生活等方面的具体问题。通过谈心谈话，可以帮助学生树立正确价值观、引导学生养成良好道德品质、协助学生处理各方面具体问题。科学有效地开展谈心谈话工作，不仅是高校辅导员工作职责的要求，更是辅导员工作能力的体现。将心理咨询技术引入谈心谈话工作，就是在思想政治教育学科平台的基础上，融入心理学、社会学等相关社会科学的技术手段，与学生建立良好的谈心谈话关系，根据学生的心理特点和个性特征有针对性地帮助学生解决思想上和实践中的问题，提高心理辅导的育人效果，也可以进一步构建辅导员队伍相关学科的理论与话语体系。

一、心理辅导、心理咨询和心理治疗的相似性与差异性

心理辅导、心理咨询和心理治疗本质上都是一种助人的专业，在目的上也多表现为协助学生自我了解、问题解决、良好适应，利用自身的资源与潜能，达到自我成长与自我实现。三者均是基于心理学的基本理论、心理咨询与心理治疗的理论，对学生所面临的困扰进行理解；均强调助人关系的重要性，在建立安全信任的关系、心理介入的技巧和方法上是相似的。三者的差异性见表8－1。

表8－1　心理辅导、心理咨询和心理治疗的差异性

分类	心理辅导	心理咨询	心理治疗
服务对象	有疑问或轻微困扰的正常人，如学生偶发性的学习困扰、人际困扰、恋爱困扰，对现实生活并无明显的负面影响	有一定程度心理困扰的正常人，对其社会功能已经有一定的影响，如留级学生长时间的适应不良、学生社交焦虑等情况，但未形成障碍	针对有心理障碍的人进行的工作，如某些神经症、人格障碍、精神疾病等
所需时间	需要的时间较短，多为单次或短程的辅导	需要的次数相对会更多，并且时间的设置相对稳定	心理治疗费时较长，治疗次数从几次到几十次不等，甚至更多，需经年累月才能完成

续表

分类	心理辅导	心理咨询	心理治疗
提供服务的人员	多为经过专业训练的学校辅导员	心理咨询的提供者需要经过系统的专业训练，并取得相应从业资格（国家二级心理咨询师或国家三级心理咨询师）	心理治疗的提供者需要更多的专业机构临床实习经验，在人格理论掌握、各种心理障碍的心理评估与诊断、特定的干预方法等方面有专门的训练和要求

二、辅导员开展心理辅导的方法

(一)叙事疗法

叙事疗法通过“问题外化”“解构”和“重建故事”等，让学生说出自己的“故事”，从理性积极的视角解读自我与他人，重塑自我。叙事疗法是澳大利亚临床心理学家麦克·华特和新西兰心理学家大卫·爱普斯顿所创立的。他们在合作出版的《故事、知识、权利——叙事疗法的力量》一书中提出叙事疗法的概念。叙事疗法需要选择更加合适的方法，倾听他人的故事，通过细致的聊天来帮助当事人找到疏漏的片段，从而让问题外化，积极引导当事人重构故事，以更加积极的态度来面对，唤起当事人的内在力量。

辅导员运用叙事疗法需遵循的原则是保持好奇的态度、对学生表达尊重、与学生互动。叙事疗法在辅导员谈心谈话中应用的模式，具体如下。

(1)故事叙事。叙事疗法理论认为人与问题应该分开来界定，这就决定了叙事疗法理论针对的不是问题本身，而是将整个注意力放在问题的叙述上。因此，在引导当事人叙述问题的过程中应该采取合适的语言技巧，更多的变动语言方式，从而让整个过程有新的机会，让当事人将自己的故事以旁观者的角度叙述出来，让当事人找到新的意义，用新的方式来描述当事人的生活经验，从而能够产生更多的可能性。辅导员在与学生谈话时，认真地聆听学生的叙述，让学生说出自己的故事，以此为主轴，再通过学生的不断重写，丰富故事的内容。当学生将他期待的故事叙述得更加丰富的时候，他自身的力量感也会越来越强，也会看到更多的希望。同时，辅导员在这个倾听过程中进行提问，通过提问表达兴趣和好奇，要用一种建设性的好奇去问。谈话的过程是相互建构的，你希望听什么，学生就会讲什么，当关注点在学生的内容上时，学生就会将故事讲得越来越详细，讲出故事的新视角，这样学生慢慢可以达到外化的目标。

(2)问题外化。外化是叙事对话的重要基础，它不仅是技巧，更是一种态度。外化的目的是建立一个脉络，让人们体验到自己和问题是可以分开来的，将问题从人的内在转移到外在；外化让问题看起来比较不固着，限制减少，提升当事人负责任的意愿，削弱贴标签的不良影响。辅导员在与学生谈话时，邀请学生对现在面临的问题进行命名，同时以将问题拟人化、隐喻或具象化的艺术性方式进行表达，探索问题的影响力，以及支持问题继续的方式。讨论困扰他的问题是如何发展的，并接纳不同。学生有困难需要及时的寻求帮助，在学生寻找解决问题的方法的过程中，学生的整个思绪及感受都沉浸在问题之中，从学生的角度来看，不认为自己能够有更多的选择。让问题外化能够更加清晰的对整个过程进行梳理，从而能够让学生从不同的角度来看待问题，让学生能够更加清晰地认清自己的问题。同时还可以将问题与人相互剥离，创造一种更加温馨的氛围，更好地帮助学生解决问题。

(3)解构问题。当把人与问题剥离开来后，辅导员应该更多地了解问题是如何产生的，对学生的观念进行分析，积极地讨论导致问题产生的原因，从而更好地帮助学生解决问题，这就是叙事疗法运用到辅导员谈心谈话中的解构过程。在这一步骤中，辅导员需要采取解构的方式来分析问题，积极与学生建立情感联系，了解当前主流文化对于学生产生的影响。解构的聆听要求辅导员在与学生谈话时，用外化、好奇的态度去听学生说故事，不带着预设去看待学生的问题。让学生有机会以旁观者的角色站在问题的对面，思考如何解决问题。解构的问话要求辅导员探索对于学生来说具有重要意义的问题、感受、态度的来历，探索当前主流问话对自己的影响，让学生了解自己是如何被影响和建构的，思考和主流问话保持怎样的关系。对于辅导员来说，解构最为重要的是透过解构来寻找属于学生自己的处境，帮助学生找到更加适合自己的环境。

(4)重写对话。叙事疗法认为，在完成解构以后，需要进行重写对话，与当事人一起寻找过往事件中具有特殊意义的事件，寻找其中积极的力量，带着这种力量来重新面对生活中的各种挑战。重写对话是邀请学生继续述说生活的故事，帮助学生找出某些被忽略，但可能具有重要性的事件与经验，随着对话的开展，那些隐而未现的支线故事会越来越清晰与丰富，可以帮助学生在应对问题或困境时，产生不同想法与行动。在整个叙事疗法中，重写是非常关键的环节，通过外化和解构来帮助当事人解构其故事，重写则是帮助当事人重新找到新的支撑点，从另一个角度帮助学生找到事件中的积极意义，不断尝试去寻找和丰富这些支线故事。在循环往复的丰富支线故事的过程中，学生会逐渐看到自己生命中的能力，丰富故事和生命。

(二)焦点解决短期心理咨询

焦点解决短期心理咨询(solution-focused brief counseling，SFBC)是20世纪80年代发展起来的后现代咨询流派之一，由美国威斯康星州密尔沃基市短期家庭治疗中心的创办者史蒂夫·德·沙泽尔和其夫人因苏·金·伯格等人共同创建，并发展起来。沙泽尔于1982年出版了《短期家庭治疗的范式：一个生态系统的取向》，它标志着焦点解决短期咨询的诞生。

SFBC是指以寻找解决问题的方法为核心的短程心理咨询技术。它主要主张以正向的、朝向未来的、朝向目标解决问题的积极观点来促使改变的发生。这里面包含了三个关键词：焦点、解决、短期，其中“焦点”和“解决”紧密相连，是指以问题的解决为焦点，为目标；“短期”是指最少地侵入被辅导者的生活，较快地结束咨询关系，实现咨询目标。

焦点解决模式在辅导员谈心谈话工作中实施的具体步骤如下。

(1)谈心谈话准备阶段：建构目标。谈心谈话的准备阶段是辅导员与学生目标建构的阶段，是根据学生所描述的问题，通过各种技术进行重新建构、尝试解决、建立共同目标的阶段。目标建构阶段是焦点解决模式的起点，同时也是问题解决最为关键的环节。谈心谈话开始前，辅导员要做足准备。要与来访学生建立起平等、合作的关系。为学生营造一个良好、平等的谈话氛围，使学生尽可能地描述问题，帮助其重新建构目标。比如处理宿舍关系时，辅导员可以使用奇迹询问技术提问：“你想要一种什么样的宿舍关系？如果你的愿望实现了，会有什么样的变化？”准备阶段优先使用奇迹询问技术，奇迹询问技术能使辅导员第一时间获取到有效信息，抓到问题解决的关键。同时，能够清晰地了解学生对该问题的态度与渴望程度，根据学生的反映，辅导员尽快做出判断，从而建构目标，为后续的焦点解决实施奠定基础。

(2)学生描述阶段：发现问题解决潜能。学生描述阶段是发现问题解决潜能的过程，辅导员在该阶段一定要善于使用多种焦点解决技术。如量尺技术的使用，通过1～10分的打分方法，帮助学生看清目前状态与目标状态之间的差距，从而激发学生发生改变的动机。赞美技术是打破辅导员与学生之间隔阂最有效的焦点解决技术之一，通过言语的或者非言语的赞美，增强学生的体验感，使学生感到被肯定，看到改变的希望。如在处理宿舍关系这一问题上，辅导员对学生的认识不断地施以赞美，增强学生改变宿舍关系的信心，促使宿舍关系问题得以缓解。通过焦点解决技术的综合使用，可以了解学生面对同一问题的过去状态、当前状态及想要的状态。通过对同一问题不同时期进行分析，使用焦点解决技术去激发学生的潜能，从而促进问题的解决。学生对目前现状、困境进行描述，辅导员可以根据学生的描述，选择适合的焦点解决技术进行引导，可以从过去的经历和对未来的想象中获取问题的解决之道。

该阶段是谈心谈话的重要阶段，辅导员在此阶段应该放下身段，认真聆听，通过学生的描述，对目前存在的问题与现状进行充分的了解，而不是急于去解决问题。帮助学生去发现改变的目标，由此去建构问题解决的方式。在该阶段，辅导员要给予学生一定的赞美，使学生打开心扉讲述问题的起因、经过和结果，为以后阶段的谈话奠定良好的基础。

(3)例外与探寻后阶段：制订计划。来访学生的描述结束后，辅导员要善于抓住关键点，引导学生去探寻问题解决的路径。这一阶段优先使用例外技术，协助学生找到探寻“特殊背景下的特殊情况”。焦点解决模式下的谈心谈话往往倾向于辅导员与来访学生之间树立相互信任的关系，通过从过去与未来中寻找“例外”，作为问题解决的突破口。来访学生情况各异，所以“例外”与解决路径的探寻并非唯一。因此，辅导员要对症下药，通过赞美技术、奇迹询问技术等多种焦点解决技术来探寻“例外”。“例外”因人而异、因时而异，在探寻的过程中可能会受到思维定势的影响，辅导员要引导学生找到隐藏的“例外”，因此赞美技术、奇迹询问技术等的综合使用，会使“例外”显现。

例外与探寻后阶段是计划的制定与实施阶段，辅导员根据“例外”鼓励学生尝试做些什么。通过引导学生“小的改变”，去促进学生进行“大的质变”。计划制订期间，需要学生亲力亲为，辅导员要鼓励他们利用一切积极的资源去达成目标。

(4)反馈阶段：进展追踪。反馈阶段作为焦点解决模式下辅导员谈心谈话工作的最后一个环节，同样具有重要的意义。一方面可以引导来访学生将谈话内容进行总结、梳理，重构对问题的认识；另一方面可以使来访学生与辅导员的关系得到缓和，促进下次谈心谈话的开展，使学生渐进式地走向问题解决。反馈阶段是进展追踪的阶段，也是成果总结阶段，赞美技术在此阶段发挥着不可估量的作用。赞美技术是学生将问题解决植根于实践中的重要基础；赞美技术有利于使辅导员谈心谈话过程形成良好的长效机制，为以后与其他学生的谈话工作奠定基础。因此，谈心谈话结束前辅导员要毫不吝啬地施以鼓励与赞许，既能增强学生解决问题的信心，又能使学生感受到自己是被关怀的。焦点解决模式具有短程、高效的特点，同时也具备持续性的模式，需要辅导员及时跟进，与学生多次进行沟通，从而实现焦点解决的价值性，同时也更利于问题的解决。

三、辅导员开展谈心谈话的技术

辅导员可以通过尊重、热情、真诚、共情、积极关注等方式与学生建立良好的谈心谈话关系。开展谈心谈话的技术具体如下。

（一）SOLER 技术

SOLER 技术是指专注行为的基本准则，S 指侧面面对学生（Squarely），O 指采用开放姿态（Open），L 指上身稍微前倾（Lean），E 指保持良好的目光接触（Eye），R 指身体自然放松（Relaxed）。在实际的谈心谈话过程中，不能机械地照搬套用，需根据与学生的互动情况灵活应用。

1. 侧面面对学生

辅导员和学生谈话时，座位应呈直角摆放。这样一方面双方均能感知对方是否在专注倾听，另一方面避免了直视的压力，会让学生感觉更加自然放松。

2. 采用开放姿态

胳膊或腿交叉的行为暗示一种防御性的心理，所以尽量不要上臂相抱或双腿交叉。有时候身体缩紧或者坐在桌子后面都是一种防御的表现。当然某种姿势不一定就必然代表着防御，更重要的是辅导员内心已经准备好"全身心地迎接谈话的学生"，并且在外在的姿势上展示出自己的内心状态。

3. 上身稍微前倾

在会谈过程中，辅导员可以把身体略微向学生倾斜，这是一种专注、感兴趣、尊重、鼓励讲话的身体姿态。倾听中的"倾"就来自这种听的姿势。另外，辅导员要让自己感觉到舒服或放松，如果觉得前倾的姿势不舒服或有些僵硬，也可以进行调整，以使自己能够长时间地保持专注。辅导员应避免懒散地靠在椅背上，两腿分得很开，这样虽然很舒服，但会让学生感到辅导员心不在焉。

4. 保持良好的目光接触

眼睛是心灵的窗口，因此在交流互动中眼神接触是非常重要的。在心理辅导中，辅导员需要经常与学生保持善意的目光接触，通过目光传递辅导员的关注、温暖、接纳和支持。应注意，保持良好的目光接触，既让学生感到关注与温暖，又不让其有压力。目光接触不是凝视，也不是目不转睛地对视，否则会让对方有被侵犯、被压迫等不舒服的感觉。

5. 身体自然放松

谈话过程中辅导员的状态会传递给对方，进而影响对方的表现。在谈心谈话过程中，辅导员要保持身体的自然放松状态。这包含两个方面：一是辅导员在谈话过程中要尽量避免紧张的情绪，否则会让学生也感到紧张，讲话时心里会想辅导员为什么这么紧张；二是辅导员要将上述专注的行为变成自己的习惯，否则会让谈话学生觉得很假、故作姿态、内外不一致。

(二)倾听

倾听并不是简单地听，它是全身心投入，专注地听。辅导员与学生的谈话不仅仅是听听而已，还要借助各种技巧，真正听出对方所讲的事实、所体验的情感、所持有的态度。倾听的习惯和态度比倾听的技巧和技术更重要。

1. 充分运用开放性提问

在倾听时，通常使用“什么”“怎样”“为什么”等词语发问，让学生对有关问题、事件作出较为详尽的反应，这就是开放性提问，这样的提问会引出学生对某些问题、思想、情感等的详细说明。在使用开放性提问时，应重视把它建立在良好的辅导关系上，只有学生对辅导员的信任，他才会在提问时作更多的回答。另外，要注意问句的方式、语调，不能太生硬或随意。

2. 恰当运用封闭性问题

这类提问的特征是以“是不是”“对不对”“有没有”“行不行”“要不要”等词语发问，让学生对有关问题作“是”或“否”的简短回答。辅导员使用这种封闭性的提问，可以收集信息、澄清事实真相、验证结论与推测、缩小讨论范围、适当中止叙述等。回答这些问题，只需一两个词、字或一个简单的姿势如点头或摇头等，简洁、明确。但过多使用封闭式提问，会使学生处于被动的地位，压抑其自我表达的愿望与积极性，产生沉默和压抑感及被审讯的感觉。所以采用封闭性提问要适度，并和开放性提问结合起来。

3. 善于运用鼓励和重复语句

运用鼓励和重复语句指直接重复或仅用某些词语（如“嗯”“讲下去”“还有

吗”等)来强化学生叙述的内容,并鼓励其进一步讲述。重复学生叙述中的某些话语或内容,是鼓励对方的一种主要方法。鼓励与重复除了促进会谈继续外,另一个重要作用就是引导学生的谈话朝着一定方向深化。表面上看起来,这是一种很简单的技巧,然而正是这一简单的技巧,使辅导员得以进入学生的内心世界,展现出对学生的关注和理解。

4. 准确运用说明

说明又叫释义,就是辅导员把学生谈话内容及思想加以综合整理后,用自己的语言反馈给学生。说明最好是引用学生谈话中最有代表性、最敏感、最重要的词语。说明使得学生有机会再次剖析自己的困扰,重新组合那些零散的事件和关系,深化谈话的内容,更清晰准确地作出决定。同时,也有助于辅导员确认一些关键的信息与线索,为会谈的深入打下坚实基础。

5. 有效运用情感反应

情感反应与说明十分接近,区别在于说明是对学生谈话内容的反馈,而情感反应则是对学生情绪情感的反馈。也就是辅导员把学生的情感反应进行综合整理后,再反馈给学生,如“你对此感到伤心”“这事让你很不愉快”等。情感反应的最有效方式是针对学生现在的而不是过去的情感,如“你现在很痛苦”“你此时的心情比较好”等。另外,在运用这一技术时,要及时准确地捕捉学生瞬间的情感体验,并及时进行反应,使学生深切体验到被人理解的感觉,这时辅导就可能朝着更深入的境界迈进。

6. 避免倾听时容易犯的错误

刚开始学习心理辅导的人不愿意倾听、不重视倾听,喜欢自己不停地说教,这是惯常的错误。除此之外易犯的错误还有急于下结论;轻视学生的问题,不认真听;干扰、转移、中断学生的话题,对学生话题作道德或是非的评判;不适当地运用参与技巧,如询问过多、概述过多等。

(三)反应技术

1. 内容反应的含义

咨询师把求助者的主要言谈、思想,加以综合整理后,再反馈给求助者。使求助者有机会再次来剖析自己的困扰,重新组合那些零散的事件和关系,深化谈话的内容。

举例如下：

求助者说："我已经决定大四毕业直接工作了，可我父母不赞同，反对我直接工作，希望我继续深造读研。我很苦恼，睡觉也不好，不知怎么办才好？"

内容反应："你想大四毕业直接工作，可父母认为继续深造读研好，反对你，是这样吗？"

内容反应的功能：让求助者有机会再回顾自己的叙述；可以对求助者所叙述的归类、整理，找出重要内容；咨询师可以了解自己的理解是否准确；传达一种信息：我在认真倾听你的叙述，并了解了你的意思；把话题引向重要的方向。

内容反应的注意事项：这一技术可以使用心理咨询的任何阶段；咨询师所做的内容反应，不能超过或减少求助者叙述的内容；尽量用自己的语言，不重复求助者的话；语言简洁明了，口语化。

2. 情感反应的含义

情感反应是指咨询师把求助者语言与非语言行为中包含的情感整理后，反映给求助者。

举例如下：

求助者："我已经决定大四毕业直接工作了，可我父母不赞同，反对我直接工作，希望我继续深造读研。我很苦恼，睡觉也不好，不知怎么办才好？"

情感反应："你父母不同意你大四毕业直接工作，你很痛苦，也很茫然，是这样吗？"

情感反应的功能：协助求助者觉察、接纳自己的感觉；促使求助者重新拥有自己的感觉；使咨询师进一步正确地了解求助者，或使求助者更了解自己；有助于建立良好的咨询关系。

情感反应的注意事项：这一技术可以使用在心理咨询的任何阶段；咨询师所做的情感反应，要准确反应求助者的感受，不能超过或减少求助者表达的；不仅反应求助者言语所表达的情感，更要反应非言语传达的情感；所用言语，尽量不要重复求助者的用词；焦点放在此时此刻的情感上；反应求助者多种情感。

参考文献

[1]郭琪. 助人技术在高校辅导员谈心谈话工作中的应用研究[D]. 呼和浩特：内蒙

古农业大学,2020.
[2]田宝伟,胡心怡,张平,等.辅导员深度辅导的谈心谈话技术[M].北京:高等教育出版社,2021.
[3]胡阳.叙事心理治疗在我国高校心理辅导中的应用[D].武汉:华中科技大学,2011.
[4]温尔斯格.叙事疗法在高校思想政治教育工作中的应用[J].世纪桥,2016(1):51-53.
[5]王晓露.叙事疗法在辅导员谈心谈话中的应用[J].科教文汇,2020(11):161-162.
[6]刘英.叙事疗法在高校辅导员思想政治教育工作中的应用研究[J].社会心理科学,2012(7):50-54.
[7]钩恒.叙事心理治疗方法论探析[D].长沙:湖南师范大学,2010.
[8]许维素.建构解决之道:焦点解决短期治疗[M].宁波:宁波出版社,2013.
[9]张玉杰,李萌,槐福乐.焦点解决模式在高校辅导员谈心谈话工作中的应用[J],石家庄学院学报,2021,23(3):126-130.
[10]乐国安.咨询心理学[M].天津:南开大学出版社,2002.
[11]査晶.高校辅导员深度辅导案例评析及育人工作指导手册[M].北京:高等教育出版社,2014.
[12]郭念锋.国家职业资格培训教程:心理咨询师(三级)[M].北京:民族出版社,2015.

【案例1】

心若向阳,便会花开

——一例焦虑抑郁情绪的心理咨询案例报告

一、个案信息

1.人口统计学资料

小王,女,19岁,独生女,汉族,某大学二年级学生。身体健康,无重大器质性疾病史,无手术史,无精神疾病史,无传染病史、无输血过敏史、无高热抽搐及外伤昏迷史、无心理咨询史,无不良嗜好。

2.主诉和个人自述

主诉:焦虑不安,睡眠差,情绪低落,无法集中注意力,想学习但是效率低。

个人自述:我本来是一个很好强的女孩,无论在哪方面都要去争个第一,但进入大学后我发现自己表现得很不如意。竞选班委屡屡失利,学习压力也很大,对专业前景很是担忧,没有明确的职业生涯规划,很迷茫。我很爱学习,想抓住所有时间多学点东西,想取得优秀的学习成绩。特别是这学期5月份即将要考专业四级,我想考一个“优秀”等级来证明自己,但是感觉力不从心,越想学习,越焦虑,心情越低落。随着专业四级考试时间的临近,我越来越紧张、焦虑,还伴有失眠。我现在只要一上课就感觉很累,想远离教室,远离学习。对做什么事情都没有兴趣,没有信心,心里非常孤独、苦闷,我想退学回家休息,我担心自己的身体有严重问题。

3. 求助动机

想改善自己的睡眠状况,消除焦虑抑郁情绪,提高学习效率,增强自我认同感。

4. 求助过程

班级心理委员发现小王上课经常犯困,注意力不集中,容易焦虑、烦躁,易哭泣,将此种现象反映给辅导员,辅导员引导其到心理健康教育中心进行心理咨询。

5. 以往咨询经历以及个案对此的评价

无以往咨询经历。

6. 主要家庭成员及关系

家庭主要成员有父亲、母亲、小王本人,家庭成员关系和谐。

父亲:49岁,本科,国企员工。

母亲:48岁,本科,国企员工。

7. 成长经历

小王是家中独女,父母均为国企员工,对孩子学习、生活等各方面要求严格,期望孩子通过学习获得更好的发展途径。童年生长发育良好,6岁半入学,备受家人宠爱,经济条件良好,小学、初中、高中全都在省重点上学,从小学习刻苦,学习成绩优异,年年获奖,是老师、朋友、家人心中的佼佼者。高考发挥失常,没考到理想中的学校和专业,伤心、气馁过一段时间。进入大学后,积极适应大学环境,情绪有所好转,遵守校纪班规,严格要求自己,把学习优秀定为人生目标,但是性格内向,不爱与人主动交流。经常感觉自己压力很大,多数来自学习,没有业余爱好。

8. 对个案的初始印象

穿着整洁,行为举止大方,意识清醒,思维正常,语速较快,表达清楚,在谈及自己无法集中注意力学习、睡眠不好,担心自己身体有问题,想退学回家休息时泪流满面。有自知力,有求助欲望,言行一致,有一定的自制力,人格稳定。

二、咨询信息

起止日期:2017年3月21日—2017年5月9日

会谈频率:每周 1 次

会谈次数:8 次

是否接受过督导:是

是否接受药物治疗:否

三、个案概念化(含评估与工作诊断)

1. 咨询师初步评估

评估小王存在严重心理问题,主要由焦虑抑郁情绪引起。

2. 评估依据

(1)根据心理正常与心理异常三原则,来访者主客观统一,知道自己出现了心理问题,说明其有自知力;没有出现幻觉、妄想等精神病症状;认知、情感协调统一,人格稳定,有求助欲望,可以排除来访者患有精神病的可能性。

(2)对照症状学标准,来访者出现了焦虑、抑郁等负性情绪;从其严重程度来看,来访者的情绪反应较强烈,心理痛苦程度较高,社会功能受到影响,不太愿意与人交往,出现了退学的念头,但没有真的将想法付诸行动。从其病程来看,来访者这种状态持续了 3 个月,因此,评估其存在严重心理问题。

(3)量表测量:为了能够准确了解来访者情况,经其同意,对其进行了以下几项心理测量,以确定心理问题的性质。

症状自评量表(SCL-90):总分 164 分、躯体化 1.25 分、强迫症状 1.83 分、人际关系敏感 1.66 分、抑郁 2.78 分、焦虑 2.24 分、敌对 1.23 分、恐怖 1.28 分、偏执 1.27 分、精神病性 1.33 分、其他 1.52 分。

抑郁自评量表(SDS):64 分(标准分),中度抑郁。

焦虑自评量表(SAS):52 分(标准分),轻度焦虑。

3. 个案概念化模型

根据抑郁咨询的案例概念化模式,建立了抑郁的压力特异质模式。压力特异质模式用来解释行为产生的原因,认为是遗传等先天因素和生活经历等后天因素共同作用导致了行为的产生。该模式从三个部分对抑郁来访者进行概念化。一是了解来访者先天因素;二是根据认知行为疗法理论基础,觉察来访者最基本的想法和核心信念;三是了解来访者抑郁的具体表现。通过分析,构建小王的案例概念化模型如图 8-1 所示。

四、咨询方案

1. 咨询方法与技术

(1)认知行为疗法。通过改变求助者关于自身的错误的思维方式和观念,并教会求助者一些适应环境的技能,以帮助他们改善不良的情绪和行为,达到消除不良情绪和行为的心理治疗方法。因此,咨询的着眼点是探寻并纠正导

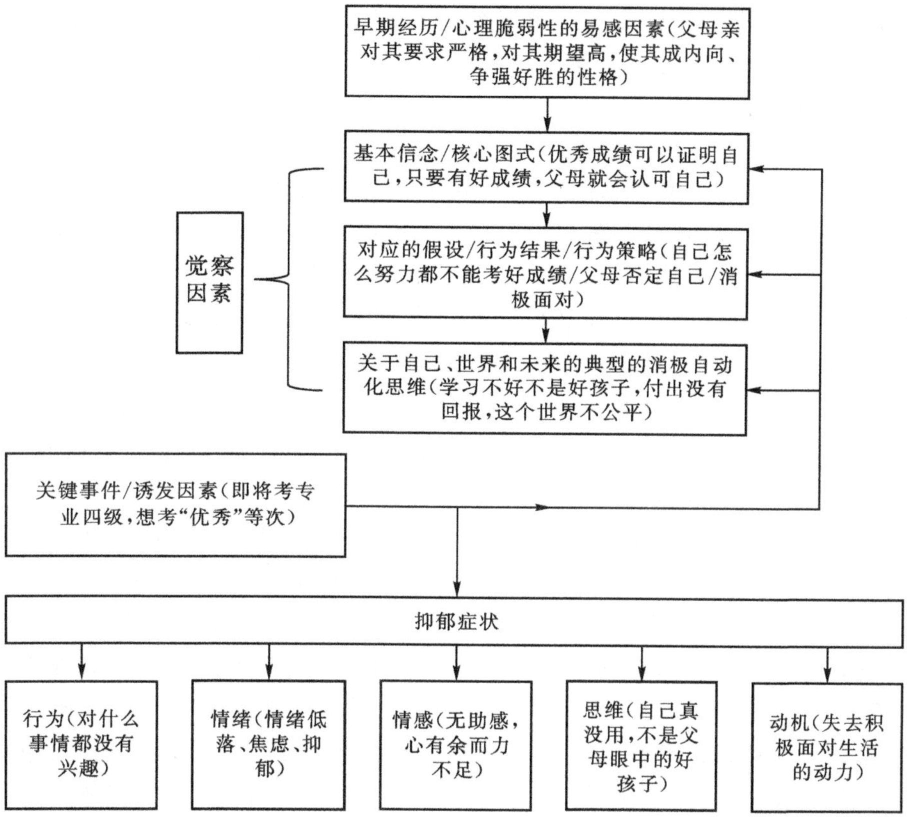

图 8-1　小王案例的概念化模型

致不良行为和情绪的观念的认知过程。

(2)宣泄疗法。引导来访者将内心的不良情绪宣泄出来,可以是哭泣、诉说,也可以是运动锻炼身体、歌唱、写文章等。

(3)放松训练。教来访者做放松训练,包括想象放松法和呼吸放松法,每天晚上一次,每次约 40 分钟。

2. 咨询目标

通过与小王商量,确定目标如下:①将健康放在第一位,学习第二位;②降低学习目标,将专业四级考试期望"优秀"等次变为"合格"等次;③缓解焦虑、紧张、抑郁情绪,睡眠质量有所改善;④评估小王退学的必要性;⑤帮助小王学会使用认知行为疗法、宣泄疗法和放松训练处理相似的情绪问题,促进其心理健康发展,达到人格完善。

3. 咨询次数、注意事项等

在咨询之前,依据心理咨询的相关规定,向来访者介绍了双方的责任、权利与义务，强调了保密原则与保密例外原则，并商定每周咨询 1 次，咨询 8 次，每次咨询 1 小时。学校心理健康教育中心心理咨询免费。

五、咨询过程

1. 咨询进程

(1)第一阶段：心理评估阶段。此阶段为咨询的第 1～2 次，运用摄入性会谈，收集来访者一般资料。运用积极关注、尊重、真诚、共情等态度建立良好的咨询关系，让来访者宣泄情绪，确立咨询目标，初步诊断来访者心理冲突的原因及严重程度，制订心理咨询计划。来访者自我暴露较多，咨询关系良好。

(2)第二阶段：心理咨询阶段。此阶段为咨询的第 3～6 次，向来访者介绍抑郁压力特异质模型，构建来访者的案例概念化模型。由于个案概念化是在咨询过程中不断形成的对来访者困扰形成原因的假设，不是一次完成的，因此在后面的咨询中会根据情况随时对模型进行调整和改进。

在咨询中让来访者了解自动思维和自己的认知模式，使其明白目前我们如何感知和行动取决于我们如何感知和构建自己的经验，如何去挖掘自己的不合理认知、假设规则和态度。使用认知行为疗法，帮助来访者觉察导致自己焦虑抑郁情绪的基本信念和想法，例如，优秀的成绩可以向父母证明自己的能力，可以得到父母的认可；但高考失败和上大学后竞选干部失败，会使父母会否定自己。这种信念和想法使来访者形成“这世界太不公平，自己通过努力也不能取得好成绩，自己一无是处，父母肯定会认为我不是好孩子”消极想法。

根据来访者的抑郁症状，帮助来访者形成问题清单，使其清楚知道自己的问题，以便更加积极配合咨询，比如，来访者的问题主要有情绪低落、正确看待学习成绩、制定合理的学习目标、消极情绪表达、自信心不足等。

帮助来访者增强自我认同感，增强自信心，发掘来访者身上积极的品质，如善良、坚强、善解人意等。帮助来访者认识自身的价值，如“你在父母心中是独一无二的，是最好的，无可替代的宝贝”，帮助来访者认识生命的意义，如“热爱生命，用有限的生命创造出无限的价值”。

教给来访者一些宣泄情绪的方法，即宣泄疗法，如运动、写文章、阅读、唱歌、听音乐、倾诉、瑜伽等，引导来访者选择适合自己且感兴趣的项目，在情绪不佳时进行宣泄。放松训练，教来访者在轻音乐背景下开展想象放松训练，同时教其呼吸放松法，并以家庭作业的形式布置给来访者，每天晚上进行 40 分钟左右的放松训练，缓解紧张焦虑感，强化自信。

(3)第三阶段：巩固与结束阶段。此阶段为咨询的第 7～8 次，反馈作业，来访者焦虑、抑郁等负性情绪得到很大改善，睡眠变好了，自信心增强，学习效率提高。同时，引导来访者总结自己在整个咨询过程中的成长。咨询师肯定她的进步和在整个咨询过程中的积极配合，鼓励来访者用建设性信念代替挫败性信念，积极面对生活中的各种挑战。心理咨询达到了预期的目标，帮助求助者解决了心理问题，通过这个阶段监督来访者把学到的东西应用于日常生活中，并结束心理咨询。

2. 接受督导的简要情况

整个咨询过程中接受过两次督导，主要就来访者的评估结果和构建案例概念化模型进行了探讨和协商。

六、咨询效果

(1)量表评分：采用 SCL－90 对来访者进行心理测试，各因子分都低于 2 分。SDS 为 42 分，SAS 为 38 分，均属于正常范围，咨询效果较好。

(2)来访者自我评估：咨询结束后 2 个月，小王再次找到咨询师，说自己专业四级的考试通过了，虽然没能考到"优秀"，但是合格她也很满意。自己的睡眠质量提高了，焦虑抑郁的情绪也少了，认为自己完全没有必要退学。

(3)咨询师评估：咨询师明显感觉到来访者的情绪比较稳定，心情比较愉快。在和小王对话过程中，发现她思路比以前更清晰，表达也更流畅，负性情绪得到显著改善。评估小王不用退学。

(4)他人评估：小王身边的同学反映小王比以前性格开朗了很多，室友反映小王睡眠质量提高了，负性情绪减少了。

七、案例评价及反思

1. 对咨询目标成败的思考与分析

咨询目标合理。咨询师经过评估，确定了将来访者健康放在第一位、学习放在第二位，降低学习目标，缓解焦虑、抑郁情绪，这些目标符合来访者的实际需求。

2. 对咨询过程的评价与反思

咨询过程中运用了摄入性会谈，积极关注、共情、尊重、真诚等技术，与来访者建立了良好的咨询关系。紧接着运用压力特异质模型和认知行为疗法帮助来访者形成正确的自我意识和自我评价，增强自我同一性。通过宣泄疗法和放松训练，缓解来访者焦虑抑郁情绪，通过留家庭作业的方式引导来访者巩固咨询结果。整体咨询过程比较顺利，效果比较突出。

3. 咨询中的自我觉察

(1)来访者说她对自己的学习有很高的要求和目标，不能达到时会产生焦虑、抑郁情绪。我反思着：我也是一个要强、在工作和学习上有高目标的人，当不能达到自己的目标时，我也会紧张、焦虑。通过自我觉察，我认为是我没能客观的审视自己，没有完全了解自己，在以后的学习工作中要给自己制定合适的目标。

(2)来访者说她想通过学习成绩向父母和其他人证明自己的能力，我反思着：我也希望通过自己努力工作，不断学习新知识，不断取得工作上的新突破，从而得到领导和同事的认可。当我没有取得令人满意的成绩时，我也会失落，产生消极情绪。通过自我觉察，我会通过阅读、运动等形式来进行放松训练，缓解紧张焦虑情绪，并不断进行积极自我暗示，培养自己的积极心理。

【案例2】

一例与室友发生矛盾冲突的大学生的咨询案例报告

一、个案基本情况

1. 个案基本信息

小刘，女，18岁，某大学一年级学生。身体健康，无重大器质性疾病史，无手术史，无精神疾病史，无传染病史、无输血过敏史、无高热抽搐及外伤昏迷史、无心理咨询史。无不良嗜好。

2. 个人成长史

小刘是家中独女，父母均为国企员工，对孩子学习、生活等各方面要求严格。童年生长发育良好，6岁半入学，备受家人宠爱，经济条件良好，小学、初中、高中全都在省重点中学上学，从小学习刻苦，学习成绩优异，年年获奖，是老师、朋友、家人心中的佼佼者。平时遵守校纪班规，严格要求自己，把学习优秀定为人生目标，但是不爱与人主动交流，没有知心朋友。经常感觉自己压力很大，感觉只要不学习就是浪费时间。

3. 精神状态观察

意识清醒，思维正常，语速平缓，表达清楚，在谈及室友时情绪较不稳定，说到激动处泪流满面。有自知力，言行一致，有一定的自制力，人格较稳定。这段时间情绪低落，心情烦躁，睡眠质量正常，食欲下降。

4. 他人反映

根据小刘的辅导员及班级心理委员反映，她比较内向、敏感，一点小事也能让她多想。平时和同学们的交流也比较少，但同学们并不是像她说的那样排挤她，相反，宿舍的几位同学还很关心她，经常主动找她出去玩，帮她带吃的东西。

5. 心理测验结果

对其进行SCL－90心理测量：人际关系敏感因子2.84，抑郁因子2.15，焦虑3.3，其余各因子均小于2。

上述结果提示来访者有明显的焦虑、抑郁情绪，且以焦虑为主，人际交往敏感。

二、来访者主诉及个人陈述

1. 主诉

不愿与宿舍同学交往。

2. 个人陈述

我本来是一个很好强的女孩，无论在哪方面都要去争个第一，但进入大学后我发现自己表现得很不如意。竞选班委屡屡失利，学习压力也很大，对专业前景很是担忧，没有明确的职业生涯规划，很迷茫。我很爱学习，想抓住所有时间多学点东西，但是其他室友们都比较贪玩，不爱学习，感觉和我的观念差距很大。平时回到宿舍，舍友们原本都说说笑笑的，一见到我来就都不说话了，好像都在避着我一样。周末她们都去市里逛街、购物，也没有人叫我。两周前专业课老师让我们以宿舍为单位选做一个课题，以 PPT 的形式在课堂上向大家展示，寝室长分配完作业后，我感觉自己的任务最重，周末一直在宿舍做 PPT，其他舍友都出去玩了，但是周日晚我发现自己做不完了，也没有舍友帮忙买晚饭，于是想让其他舍友帮我做一部分内容，但是没有人愿意，并且因此发生了纷争，气氛很是紧张。我总感觉“她们是故意针对我”，处处容不下我。真想回到以前的学校，那是一个很单纯的环境，人与人之间没有任何冲突。我现在做什么都没有兴趣，心里非常孤独、苦闷，不想回宿舍，很想退学后重新复读高中，明年考一个好一点的大学，或许会有大的改变。

三、心理评估与诊断

1. 咨询师初步评估（诊断）

来访者的问题属于一般心理问题。

2. 诊断依据

(1)根据心理正常与心理异常三原则，来访者知道自己出现了心理问题，说明其有自知力，也没有出现幻觉、妄想等精神病症，认知、情感协调统一，人格稳定，可以排除来访者患有精神病的可能性。

(2)对照症状学标准，来访者出现了焦虑、抑郁等负性情绪；从其严重程度来看，来访者的情绪反应不太强烈，虽然不太愿意与人交往，也出现了退学的念头，但没有真的将想法付诸行动，说明其心理问题并没有对其社会功能造成严重影响，逻辑思维清晰无碍，表达流畅，没有出现对所指心理问题的相应回避和泛化情况；从其病程来看，来访者和室友之间发生冲突到来寻求心理咨询师的帮助有两周的时间。总的来说，来访者出现此心理问题时间较短，情况也不太严重，因此，可以排除严重心理问题和神经症心理问题。

3. 引起个案心理问题原因分析。

(1)生理原因：没有明显的生理原因。

(2)社会原因:家庭经济状况良好,父母缺少对其大学生活适应与否的高度关注与指导;父母对其学习成绩要求严格;大学新生来自不同地区,风俗习惯不同,性格各有差异,极易产生交往障碍;缺乏完善的社会支持系统,未受到老师、同学的理解和关注。

(3)心理原因:性格内向,争强好胜。

四、咨询方案的制定

1. 咨询目标

采用认知行为疗法,通过4～5次的咨询完成以下目标:①解决目前焦虑、抑郁状态,矫正其"她们是故意针对我"的自动思维;②帮助小刘找到处理人际关系的方法;③评估小刘退学的必要性;④帮助小刘学会使用认知行为疗法处理相似的情绪问题,促进其心理健康发展,达到人格完善。

2. 咨询方案

(1)主要咨询方法与原理:认知行为疗法。认知行为治疗就是通过改变求助者关于自身的错误的思维方式和观念,并教会求助者一些适应环境的技能,以帮助他们改善不良的情绪和行为,达到消除不良情绪和行为的短程的心理治疗方法。因此,治疗的着眼点是探寻并纠正导致不良行为和情绪的观念的认知过程。

本案例中小刘的心理问题主要表现在"室友是故意针对她"这个信念,她在认知上产生了偏差,所以比较适合采用认知行为疗法。

(2)咨询时间:在咨询之前,依据心理咨询的相关规定,向来访者介绍了双方的责任、权利与义务,并商定每周咨询一次,时间是每周三晚上7点,每次咨询1小时。因为学校把对学生的心理咨询作为老师的日常工作任务,所以学生不需要支付费用。

五、咨询过程

1. 咨询关系

在咨询过程中,小刘对咨询师比较信任,自我陈述比较多,也比较配合。

2. 具体咨询过程

本例咨询预计进行5次,主要包括三个阶段。

(1)第一阶段:心理诊断阶段。此阶段为咨询的第1～2次,运用倾听、尊重、真诚、共情等技术建立良好的咨询关系,让来访者宣泄情绪,收集相关信息,确立咨询目标,初步诊断来访者心理冲突的原因及严重程度,制定心理咨询计划。在会谈中进行心理教育,让来访者了解出发情境,自动思维和自己的认知模式,使之明白目前我们如何感知和行动取决于我们如何感知和构建自己的经验。去挖掘自己表层的错误自动思维和假设规则和态度。通过这次咨询基本完成了本阶段的任务。

(2)第二阶段:心理咨询阶段。在第一阶段咨询后,来访者的情绪好转,并认同咨询师的咨询方式和咨询方法,与咨询师建立了信任关系。此阶段为咨询的第3～4次,根据制定的心理咨询方案,本阶段了解来访者的自动思维和错误认知,帮助来访者寻找问题成因。改变焦虑、抑郁等负性情绪,增强学习和生活的信心。

来访者认为舍友故意针对她,但是她很少和室友沟通和证实她的感受和想法是否正确合理。通过咨询,来访者对自己的错误认知进行了矫正,认识到自己和宿舍同学在一起的时间太少,缺乏沟通,自己总是在生闷气。人际关系的培养和维护需要花时间和精力去培养,彼此敞开心扉,多沟通,便能建立深厚的友谊。

要求来访者体会自己现在的情绪。布置作业:找个时间和舍友交谈自己的想法,和舍友一起审查自己的想法。

(3)第三阶段:巩固与结束阶段。此阶段为咨询的第5次,反馈作业,来访者和舍友交谈后心情很轻松,改变不合理认知后,焦虑、抑郁等负性情绪得到很大改善,感觉自己和宿舍同学的关系又近了一步。与同学有了正常的人际交往,自信心增强。

采用SCL-90对来访者进行心理测试复查,各因子分都下降到1～2分,咨询效果较好;并让来访者总结自己在整个咨询过程中的成长。咨询师肯定她的进步和在整个咨询过程中的积极配合,鼓励来访者用建设性信念代替挫败性信念,积极面对生活中的各种挑战。

心理咨询达到了预期的目标,帮助求助者解决了心理问题,通过这个阶段监督来访者把学到的东西应用于日常生活中,并结束心理咨询。

六、咨询效果评估

(1)来访者自我评估:咨询结束后一个月,小刘再次找到咨询师,反映“她们是故意针对我的”这个自动思维转变很多。同时她也通过学习人际交往方面的书籍,慢慢去练习交往技巧,试着站在对方的角度来处理问题,和舍友关系大大缓和,也认为自己完全没有必要退学。

(2)咨询师评估:咨询师明显感觉到来访者的情绪比较稳定,心情比较愉快。在和小刘对话过程中,发现她思路比以前更清晰,表达也更流畅,负性情绪得到显著改善。

(3)他人评估:小刘身边的同学,尤其是舍友反映小刘比以前性格开朗了很多,与舍友之间的沟通交流频繁,友谊与日俱增。

第九章

心理健康教育实践活动

一、适应大学生活

(一)电影沙龙——适应新环境

影片名称:《光辉岁月》(Remember the Titans)(2000)

剧情简介:1971年,一所黑人中学和一所白人中学合并,学校的橄榄球队必须重新组成一支混合球队"太阳神队"。一向以白人为主的小镇,迎来这些黑人后,对当地居民造成不小的震撼。黑人教练布恩成了该队的主教练,而白人教练比尔却成了布恩的助手。比尔从敌视到逐渐发现除橄榄球之外两人的共通之处。两人都极富正义感和荣誉感,有很强的职业道德,对工作兢兢业业,一丝不苟。布恩从一开始遭到所有人的排斥,后来凭着自己的信念,并在比尔的配合之下,将一群脾气恶劣、注意力不集中的孩子调教成了一支富有活力、专打胜仗的橄榄球队,成功地将这一支"长败军"的黑白混合美式足球队伍推至冠军宝座。自从两位教练并肩作战后,胜利的消息便不断传来。

(二)"心灵对对碰"交流沟通

活动主题:谈谈你对大学生活的认识

活动流程:

(1)同学们将自己的看法、困扰和疑惑写在小纸条上,放入纸箱中。

(2)心理健康教育中心老师、辅导员、心理委员、心理信息员可以随机抽取纸箱中的纸条来进行解答。

(3)师生相互交流。

(三)手抄报征集大赛

活动主题:向往的大学生活

活动形式:征集关于"向往的大学生活"主题手抄报,评选后在宿舍生活区进行线下集中展示。

二、学会感恩

(一)电影沙龙——感恩、独立人格、励志

影片名称:《三傻大闹宝莱坞》(“3 Idiots”)(2009)

剧情简介:本片根据印度畅销书作家奇坦·巴哈特(Chetan Bhagat)的处女作小说《五点人》改编而成。法兰、拉杜与兰彻是皇家工程学院的学生,三人共居一室,结为好友。在以严格著称的学院里,兰彻是个非常与众不同的学生,他不死记硬背,甚至还公然顶撞校长“病毒”,质疑他的教学方法。他不仅鼓动法兰与拉杜去勇敢追寻理想,还劝说校长的二女儿碧雅离开满眼铜臭的未婚夫。兰彻的特立独行引起了模范学生“消音器”的不满,他约定十年后再与兰彻一决高下,看哪种生活方式更能取得成功。

(二)“感恩父母”团体心理辅导

(1)无家可归(约20分钟):开始时让全体成员围圈手拉手,接着,领导者说“变,4个人一组”,成员必须按照要求重新组成四人组,形成新的“家”,此刻,请那些没有找到家的人谈谈游离在团体之外的感受,大多会谈到“孤单、孤独、被抛弃、没依靠、失落、担心……”。也可以请团体内的成员分享和大家在一起的感觉,大多会表达“温暖、有力量、安全、踏实……”,可以多次变换人数,让成员有机会去改变自己的行为,积极融入团体,让成员体验有家的感觉,体验团体的支持,从而更加愿意与团体在一起。

分享:体会大家在一起的感觉,有人陪伴的日子,你快乐吗?你是否会想他们?你会想到哪些呢?想想身边有哪些人一直陪伴着我们?

(2)情景再现(约40分钟)。

前奏:播放歌曲《懂你》或《天亮了》。

准备:3个小情景、纸、笔。

由2~3个同学讨论话题情景,编制并表演一个相应的情景,其他同学作换位思考,理解他人。例如情景:一向温柔的妈妈今天下班回来,愁眉苦脸,脾气很暴躁,因为一点小事就对着小明发火。小明很苦恼、很委屈,于是……

换位思考四步曲:

第一步:如果我是他,我需要的是……

第二步：如果我是他，我不希望……

第三步：如果我是对方，我的做法是……

第四步：我是在以对方期望的方式对他吗？

分享：每一个情景都是一幅生活的画面，你碰到过哪些？你是怎么做的？为什么你要那样做？你的感受如何？（主要引导成员沉思自己过去处理同类事件时候的感受）

(3)跟自己算算账（约 30 分钟）。

准备：纸、笔。

a. 作为家庭的一员，你每月的支出包括生活费、零花钱，每年的学费、其他费用（购置衣物、看病等）；

b. 每月家里的总收入；

c. 每月家里的开支情况表，你的支出在家里所占的比例。

分享：算了这个账后，你能谈谈你的感受吗？你能对父母做点什么呢？

(4)活动总结：老师填写活动记录表，同时要求学生给父母重新写一封信或发个邮件、短信。

（三）“心灵对对碰”交流沟通

活动主题：对生命价值的看法

活动流程：

(1)同学们将自己的看法、困扰和疑惑写在小纸条上，放入纸箱中。

(2)心理健康教育中心老师、辅导员、心理委员、心理信息员可以随机抽取纸箱中的纸条来进行解答。

(3)师生相互交流。

（四）“做感恩的人”主题沙龙

(1)爱的传递速度：（约 30 分钟）

让所有学生手拉手站成一圈。随意在圈中选出一个人，让他/她用自己的左手捏一下相邻同伴的右手。问第二个人是否感受到了队友传递过来的捏手信号，这里我们把它称为“电波”。告诉大家收到“电波”后要迅速把电波传递给下一个队友，也就是要快速地捏一下下一位队友的手。这样一直继续下去，直到“电波”返回起点。告诉大家你将用秒表记录“电波”跑一圈所需要的时间。然后大喊：“游戏开始”，并开始计时。告诉大家“电波”传递一圈所用的时间，鼓励一下大家，然后让大家重新再做一次“电波”传递，希望这次传递能更快一些。

让学生重复做几次"电波"传递,记录每次传递所用的时间。等大家都熟练起来之后,变更"电波"的传递方向,使"电波"由原来的沿顺时针方向传递变为沿逆时针方向传递。"电波"沿着新方向被传递几次之后,再一次让学生逆转"电波"的方向,同时让学生闭上眼睛或是背向圆心站立。

分享:为什么"电波"传递方向突然改变后,"电波"传递速度会变慢?为什么闭上眼睛后,"电波"传递速度会变慢?在"电波"沿两个方向同时传递的情况下,"电波源"对面的学生感受如何?当别人将"电波"传给你的时候,你感觉怎么样?与你传给别人的时候有什么不同?(学会感谢别人的给予)

(2)绘制生命线(约 40 分钟)。

准备:彩色蜡笔、白纸。

由老师示范画出自己的生命曲线,并根据曲线讲述自己从出生到现在生命中的转折波澜;分发纸和蜡笔给学生画各自的生命线,可以以年龄和上学的时间为界绘制自己到目前为止的生命曲线,继而描绘自己未来希望的生命曲线或方向。绘制完毕以后学生在小组内进行讲述,并说出未来希望的生命线方向。

分享:在每次曲线转折或者高低不同的地方,你得到了什么?你失去了什么?对那些得到与失去,你是怎么看的?(感谢生命赐予自己的曲线美,客观认识生命中发生的一切)

(3)小组内同学自由沟通交流。

三、人际交往与沟通

(一)电影沙龙——人际交往

影片名称:《社交网络》("The Social Network")(2010)

剧情简介:2003 年秋,哈佛大学。恃才放旷的天才学生马克·扎克伯格被女友甩掉,愤怒之际,马克利用黑客手段入侵了学校的系统,盗取了校内所有漂亮女生的资料,并制作名为"Facemash"的网站供同学们对辣妹评分。他的举动引起了轰动,一度导致哈佛大学的服务器几近崩溃,马克因此遭到校方的惩罚。正所谓因祸得福,马克的举动引起了温克莱沃斯兄弟的注意,他们邀请马克加入团队,共同建立一个社交网站。与此同时,马克也建立了日后名声大噪的"Facebook"。经过一番努力,Facebook 的名气越来越大,马克的财富与日俱增。然而各种麻烦与是非接踵而来,昔日的好友也反目成仇。

(二)“漂流瓶”活动

同学们可以将自己的困扰和疑惑写在纸条上，悬挂在漂流瓶中，其他同学可以通过回信的方式为其答疑解惑，通过朋辈交流，助人和自助。

(三)“心灵对对碰”交流沟通

活动主题：如何营造和谐的宿舍环境

活动流程：

(1)同学们将自己的看法、困扰和疑惑写在小纸条上，放入纸箱中。

(2)心理健康教育中心老师、辅导员、心理委员、心理信息员可以随机抽取纸箱中的纸条来进行解答。

(3)师生相互交流。

(四)宿舍人际关系的处理和应对能力主题沙龙

活动形式：选取关于大学生人际交往的经典案例，通过分析讨论，学生能在学习他人的故事里领悟自己的生命体验，不断完善自我。

【案例一】

某女生，在家是独生女，漂亮聪明，学习优秀，堂、表兄弟姐妹中数她最出色，家人、亲属对她万千宠爱。因家庭经济条件好，她很早就有自己独立的卧室。到学校后，四人一间宿舍，感到委屈和不适应，经常抱怨寝室同学，还耍娇小姐脾气，指使别人干这干那，好像是理所当然的。这样，其他三位同学开始逐渐疏远她，她感到十分孤单，却又不知道别人为什么远离她。

分析：比起中学生，大学生的人际交往更为复杂、广泛，独立性更强，也更具有社会性。个体开始独立地步入准社会群体的交际圈。大学生开始尝试独立的人际交往，并试图发展这方面的能力。交往能力越来越成为大学生心目中衡量个人能力的一项重要标准。然而，并不是每个大学生都能处理好人际关系。在这一过程中，有相当数量的人会产生各种问题。认知、情绪及人格因素，都影响着人际关系的建立。良好人际关系的建立，关键是要学会本着平等、尊重、真诚、宽容、谦逊的原则，在积极的人际交往实践中提高自己的交往能力。

【案例二】

男生小C,来自偏远山区,从小学习成绩优秀,终于考入某名牌大学。到了学校,与来自全国各地的同学在一起,他突然产生强烈的自卑感。他不太会使用计算机、不懂足球和网络游戏、英语发音不纯正。第一学年自己放弃了很多其他活动,非常认真地学习,可是成绩平平,连奖学金也没拿到……

分析:与自我有关的心理卫生问题是大学生心理卫生问题的核心。大学生作为同龄人中的佼佼者,容易把未来设计得过于完美。而现实社会中的各种客观条件,会妨碍"理想自我"的实现。对这一客观事实认识不足,就会引起认知上的矛盾,从而严重影响大学生的心理状态。有的大学生在客观现实面前,能调整自身的认识,重新树立起自己的人生目标,使之符合客观现实的要求;而有些大学生则企图逃避与现实的矛盾冲突,出现消沉、颓废、苦闷、抑郁等心态,或耽于玩乐、放纵,以此来麻痹自己的心灵,甚至出现自杀的想法。

【案例三】

某大学一名20岁的女生,来自农村,家庭经济困难。高中阶段,住在亲戚的家里,因为成绩优异,比较听家长的话,亲戚们也就特别喜欢她。但是,她很少与班上同学交流,独来独往。进入大学后,刚开始她感觉还可以,但时间长了,由于宿舍同学之间存在着很大的性格差异,相处中出现了不和谐。面对如此复杂的人际关系,该女生感到十分困惑,不知道怎样处理好人际关系。

分析:这是典型的大学生友谊受挫,从而在人际交往上出现心理障碍的案例。常见的表现有恐惧、自卑、孤僻、害羞、封闭、自傲、敌意等不正常心理状态。

从高中到大学,学生人际交往的范围不断扩大,生理和社会方面的变化,使大学生的心理发展具有迅速、不稳定、不平衡的特点,容易从一个极端走向另一个极端,遇到诱发因素容易出现困惑、矛盾、冲突而引发情绪和行为障碍。

四、心理危机应对

(一)电影沙龙——心理危机

影片名称:《超脱》("Detachment")(2011)

剧情简介：亨利·巴赫特来到社区学校担任代课老师。学校因学生反叛、经营不善而濒临绝境，以多丽丝为首的一批教师备受煎熬。亨利的第一堂课就遭遇了顽劣学生的挑衅，但是被他巧妙地化解。他赢得了女教师萨沙的好感。同时，他的教学方式引起了同学们的兴趣，其中就包括因肥胖而苦闷的梅丽迪斯。梅丽迪斯一直默默地承受着因甩肥胖带来的各种责骂与嘲笑。但是因为亨利老师，她似乎又找到了一切的理由。

其实亨利内心也有很大的压力，他的爷爷处于弥留之际，他的母亲自杀阴影始终在脑海中萦绕。某天夜里，他在公车上黯然神伤，独自流泪。这一情形被一个刚受到嫖客凌辱的雏妓艾瑞卡看到了，她跟随亨利，希望获得他的帮助。他起初拒绝了她的要求，后来他还是把她带回了单身公寓。

(二)"心灵对对碰"交流沟通

活动主题：你所了解的心理危机应对方式。

活动流程：

(1)同学们将自己的看法、困扰和疑惑写在小纸条上，放入纸箱中。

(2)心理健康教育中心老师、辅导员、心理委员、心理信息员可以随机抽取纸箱中的纸条来进行解答。

(3)师生相互交流。

(三)微视频大赛

以视频的形式展示校园生活中常见的心理现象和心理危机。收集和筛选参赛学生视频作品，择优在微信公众号展示。

(四)"书写心灵，描绘生活"心理书画比赛

让学生用书画的形式表现大学校园生活中的心理现象，诠释心理健康知识的深刻内涵。收集和筛选参赛学生书画作品展示。

五、学业规划

(一)电影沙龙——学业问题

影片名称：《风雨哈佛路》

(“Homeless to Harvard:The Liz Murray Story”)(2003)

剧情简介:丽兹出生在美国的贫民窟里,从小就开始承受着家庭的千疮百孔,父母酗酒吸毒,母亲患上了精神分裂症。丽兹需要出去乞讨,流浪在城市的角落,生活的苦难似乎无穷无尽。

慢慢长大后,丽兹知道,只有读书成才方能改变自身命运,走出泥潭般的生活。她从老师那里争取到一张试卷,漂亮地完成答卷,争取到了读书的机会。从那时起,丽兹在漫漫的求学路上开始了新的征程。她千方百计申请哈佛大学的全额奖学金,面试时候连一件像样的衣服也没有。然而,贫困并没有阻止丽兹前进的决心,在她的人生里面,从不退缩的奋斗是永恒主题。

(二)“心灵对对碰”交流沟通

活动主题:大学生活如何规划。

活动流程:

(1)同学们将自己的看法、困扰和疑惑写在小纸条上,装入纸箱中。

(2)心理健康教育中心老师、辅导员、心理委员、心理信息员可以随机抽取纸箱中的纸条来进行解答。

(3)师生相互交流。

六、追求健康的情与爱

(一)电影沙龙——恋爱心理

影片名称:《怦然心动》(“Flipped”)(2010)

剧情简介:布莱斯全家搬到小镇居住,邻家女孩朱丽前来帮忙。朱丽对布莱斯一见钟情,心愿是获得他的吻。两人是同班同学,她一直想方设法接近他,但是他避之不及。她喜欢爬到高高的梧桐树上看风景。但因为施工,树要被砍掉,她誓死捍卫,希望他并肩作战,但是他退缩了。她的事迹上了报纸,他的外公对她颇有好感,令他十分困惑。她凭借鸡下蛋的项目获得了科技展第一名,成了全场焦点,令他黯然失色。她把自家鸡蛋送给他,他听家人怀疑她家鸡蛋不卫生,便偷偷把鸡蛋丢掉。她得知真相,很伤心,两人关系跌入冰点。她跟家人诉说,引发争吵。原来父亲一直攒钱照顾傻弟弟,所以生活拮据。她理解了父母,自己动手,还得到了他外公的鼎力相助。他向她道歉,但是并未解决问题。他开始关注她。鸡蛋风波未平,家庭晚宴与午餐男孩评选又把两人扯在了一起。

(二)艾滋病主题讲座

邀请知名专家,进行艾滋病相关知识的讲授。

(三)“心灵对对碰”交流沟通

活动主题:你眼里的爱情是什么样的?

活动流程:

(1)同学们将自己对爱情的看法、自己的困扰和疑惑写在小纸条上,放入纸箱中。

(2)心理健康教育中心老师、辅导员、心理委员、心理信息员可以随机抽取纸箱中的纸条来进行解答。

(3)师生相互交流。

七、5.25我爱我,关爱自己,关心他人

(一)电影沙龙——自我意识与人格成长

影片名称:《少年派的奇幻漂流》(“Life of Pi”)(2012)

剧情简介:故事开始于蒙特娄,也结束于蒙特娄。一名在找寻灵感的作家无意间得知派·帕帖尔的传奇故事。派的父亲开了一家动物园。因这样特殊的生活环境,少年派对信仰与人的本性自有一套看法。在派17岁那一年,他的父母决定举家移民加拿大以追求更好的生活,而他也必须离开他的初恋情人。在前往加拿大的船上,他们遇见一位残忍成性的法国厨师。当天深夜在茫茫大海中,原本令派感到刺激无比的暴风雨一瞬间就成了吞噬货船的大灾难。派却奇迹般地活了下来,搭着救生船在太平洋上漂流,而且有一位令人意想不到的同伴——理查德·帕克,一只孟加拉老虎。神奇的冒险旅程就这样意外开始了。

(二)“发现自我,肯定自我”团体心理辅导

活动流程:

(1)热身运动:快乐报数。全体同学围成一圈,从1开始报数,遇到有3、7的数字不能发出声音,击掌代替,如果出现犯错的情况,要向周围的同学表演一个节目或者真心话大冒险,回答主持人提出的问题。

热身活动结束后,用拼图的方式找到相互交流的同伴,进行下一阶段的活动。

(2)团队建设:①两个人一组,向对方介绍自己。两个人先握手,其中一个人说"你好,从前就认识,今天又见面,见到你很高兴,我是(姓名),你可以叫我 * *,认识我是你的荣幸,我这个人有很多优点,先向你介绍我的三个优点,我这个人……"两个人按照以上模式相互介绍。②四个人一组,向另外两个人介绍自己的伙伴。"你好,我是 * *,向你介绍我的一个朋友 * *,你可以叫他 * *,我的这个朋友很优秀,他有三个优点,他这个人……"。③八个人一组,从第一个人开始依次介绍自己。第一个人说"我是(优点)的(优点)的(优点)的(姓名)"。第二个人说"我是(优点)的(优点)的(优点)的(姓名)旁边的(优点)的(优点)的(优点)的(姓名)"。第三个人说"我是(优点)的(优点)的(优点)的(姓名)旁边的(优点)的(优点)的(优点)的(姓名)旁边的我是(优点)的(优点)的(优点)的(姓名)"。其他人按照以上模式依次介绍自己。④介绍自己活动完成后,形成8人一组的小团队,每个主持人带领大家讲一讲自己在这个过程中的感受,并且为自己的团体家庭取一个响亮的家庭名称和一个家庭的观念口号,每个家庭成员的角色。

(3)主题活动——认知自我。在新建立的家庭团体中,由一位主持人主持家庭活动。

猜猜她是谁:①请同学们根据自我形象活动单的内容在一张白纸上写上对自己形象满意度的描述,包括身高、体重、容貌(五官)、外表(身材)、兴趣、特长、个性等。②写上自己最欣赏自己的优点。③写上自己最不喜欢自己的特征。写上理由,不署名。

主持人负责收上每一个同学的答案,然后打乱顺序,放在小团队的中间,由主持人随机选择读出答案,大家猜一猜她是谁?她的描述符合你对她的认知吗?每一位同学谈谈你对这位同学的欣赏。组织和鼓励大家积极发言,让同学讲感受,主持人总结记录。(分享对自己的看法是否正确,需要自我欣赏的地方在哪些方面,从而自我肯定,同时学习别人优点,使自己思想变得开阔)

天生我才:每个家庭成员把上大学后最困惑的1件事情写在一张白纸上,在白纸另一面填写3件不同年代你最开心的事情(见表9-1)。

表 9-1　3 件不同年代你最开心的事情

年代	事情	自豪感
小学		
初中		
现在		

每一位家庭成员首先讲述自己的成长过程中的三个开心故事，增进大家的相互了解和认识；然后讲述上大学后最困惑自己的事情，其他的家庭成员就这位同学困扰的问题给予自己的回应和支持，组长组织和鼓励大家积极发言，总结同学们的成长故事及自己的思考。

(4)互助互爱。①家庭成员围成一个圈，双手搭在前一个人的肩膀，捏肩膀、拍后背、敲后背。②向后转，双手搭在前一个人的肩膀上，捏肩膀、拍后背、敲后背。③家庭成员手牵手围成一圈，让每个同学说一说参与活动的感受："和大家在一起我很开心，因为我从大家那里收获了……，谢谢大家！"④让同学们讲一讲这次活动中的感受，主持人总结。

通过身体的接触拉近了心理的距离，使人放松，感受到帮助别人和接受别人的帮助和关爱。

(三)"心灵对对碰"交流沟通

活动主题：如何提升自己的心理健康水平？

活动流程：

(1)同学们将自己对心理健康的看法、自己的困扰和疑惑写在小纸条上，放入纸箱中。

(2)心理健康教育中心老师、辅导员、心理委员、心理信息员可以随机抽取纸箱中的纸条来进行解答。

(3)师生相互交流。

(四)"提升自我效能感"主题沙龙

(1)观看视频《面对压力和困难，最重要的是自信》。

(2)同学们自由交流自己的自信心如何，自己是如何提升自信心的。

(3)心理辅导老师讲授提升自我效能感的基本方法。

(五)心理健康教育知识竞赛

(1)初赛。学生以宿舍为单位自愿报名参加初赛，采用闭卷笔试形式。初赛中总分前8名的进入复赛。

(2)决赛(初始分100分)。

①必答题,共24题,每组3题,每题10分,答对加分,答错、弃权不扣分。分别由每队一名队员一次回答,回答不出或回答错误时,其他队员不得提示。

②抢答题,共16题,每题10分,答对加分,答错、弃权扣除相应分数。主持人依次读题,在主持人宣布“开始”后开始抢答。如回答错误不可再次抢答,抢答三次回答均错误该题作废,由主持人公布答案,若违规抢答,取消该题的抢答资格。

③选答题,共18题,根据难易分为10分、20分、30分不同分值的题。每组必须选择一题,但可自由选择相应分值的题作答。队员可相互商量、补充,答对加上相应分数,答错或弃权扣除相应分数。

比赛结束后,统计各队得分,按得分高低排名。如有相同分数,则以队内成员笔试成绩总和排名。

八、毕业生离校前心理承受挫折教育

(一)电影沙龙——挫折应对

影片名称:《肖申克的救赎》(“The Shawshank Redemption”)(1994)

剧情简介:20世纪40年代末,小有成就的青年银行家安迪因涉嫌杀害妻子及她的情人而锒铛入狱。在这座名为肖申克的监狱内,希望似乎虚无缥缈,终身监禁的惩罚无疑注定了安迪接下来灰暗绝望的人生。未过多久,安迪尝试接近囚犯中颇有声望的瑞德,请求对方帮自己搞来小锤子。以此为契机,二人逐渐熟稔,安迪也仿佛在鱼龙混杂、罪恶横生、黑白混淆的牢狱中找到属于自己的求生之道。他利用自身的专业知识,帮助监狱管理层逃税、洗黑钱,同时凭借与瑞德的交往在犯人中间也渐渐受到礼遇。表面看来,他已如瑞德那样对那堵高墙从憎恨转变为处之泰然,但是对自由的渴望仍促使他朝着心中的希望和目标前进。而关于其罪行的真相,似乎更使这一切朝前推进了一步。

(二)“心灵对对碰”交流沟通

活动主题:毕业生求职的心理历程

活动流程:

(1)同学们将自己求职过程中心理变化过程、碰到的困扰和疑惑写在小纸条上,放入纸箱中。

(2)心理健康教育中心老师、辅导员、心理委员、心理信息员可以随机抽取纸箱中的纸条来进行解答。

(3)师生相互交流。

(三)大学生活的感悟

毕业生将自己大学生活的感悟整理成文,辅导员择优选择发布在微信公众平台。

九、健康与幸福

(一)电影沙龙——追求幸福

影片名称:《当幸福来敲门》("The Pursuit of Happyness")(2006)

剧情简介:克里斯·加纳用尽全部积蓄买下了高科技治疗仪,到处向医院推销,可是价格高昂,接受的人并不多。无论他多努力都无法给妻儿提供一个良好的生活环境,妻子最终选择离开家。从此他与儿子克里斯·托夫相依为命。克里斯好不容易争取回来一个股票投资公司实习的机会,就算没有报酬,成功机会只有百分之五,他仍努力奋斗,儿子是他的力量。他看尽白眼,与儿子躲在地铁站里的公共厕所里、住在教堂的收容所里……。他坚信,幸福的明天就会来临。

(二)"心灵对对碰"交流沟通

活动主题:对健康的理解

活动流程:

(1)同学们将自己对健康的看法、自己的困扰和疑惑写在小纸条上,放入纸箱中。

(2)心理健康教育中心老师、辅导员、心理委员、心理信息员可以随机抽取纸箱中的纸条来进行解答。

(3)师生相互交流。

(三)大学生活感悟

学生结合大学生活实际,将自己对健康、幸福、快乐的理解整理成文,择优选择发布在微信公众平台。